JN039016

法とリヴァイアサン

行政国家を救い出す

LAW AND
LEVIATHAN

Cass R. Sunstein　Adrian Vermeule

キャス・サンスティーン
エイドリアン・ヴァーミュール
吉良貴之［訳］

勁草書房

LAW AND LEVIATHAN
by Cass R. Sunstein and Adrian Vermeule
Copyright © Cass R. Sunstein and Adrian Vermeule, 2020
All rights reserved
apanese translation published by arrangement with Cass R. Sunstein and Adrian Vermeule
c/o The Wylie Agency (UK) Ltd through The English Agency(Japan) Ltd.

ああ、巨人の力をお持ちになるのは素晴らしい、
でもそれを巨人のように使うのは暴虐です。

——シェイクスピア「尺には尺を」

法とリヴァイアサン

目　次

目　次

目次

［凡例］

・参照されている文献や法令・判決について、既存訳があるものは参考にした。ただし、本文の訳と合わせる必要から、すべて訳し直した。

・アメリカ合衆国憲法の条項は「編（article）、節（section）、項（subsection）」の順に、修正条項は「第一修正」のように訳した。

・本書の翻訳にあたっては、アメリカ公法学の基本的な用語法に合わせるように留意した。ただ本書は、行政法の内在道徳を解明すること、および行政国家状況における行政と司法のあり方を問うことという、より広い目的も持ったものであるため、一部、分野横断的に読みうる訳語にしている。たとえば、rule-making は公法学においては「規則策定（制定）」と訳すのが標準的だが、本書では「ルール作成」とした。専門的な読者は適宜、読み替えていただきたい。

・本書は、アメリカ公法史におけるいくつかの重要な裁判例と、それに基づく法理を軸としながら論述が進められる。その細かい内容を知っておく必要はないが、本文での説明は詳しくないため、「**新しいコーク**」「**非委任法理**」「**シェブロン法理**」「**アウアー法理**」「**法の内在道徳**」といった頻出の語について、訳者解説で説明した。

はじめに――「長く続く、困難な論争」

現代の行政国家は正統でないのか？　立憲的でないのか？　答責性を果たせないのか？　危険なのか？　耐えられないほどなのか？　アメリカの公法は、このような問いをめぐって、低級な冷戦とさえいえるような長く続く深刻な対立によってずっと引き裂かれてきた。

行政国家の批判者たちは、憲法と行政法が、恐るべき範囲と権力を持つ行政権を行使する行政組織を容認するようになってしまったと主張している。その批判によれば、こうした動きは本来の立憲主義を根底から覆し、私的な秩序や経済の自由を侵害し、答責性のない非民主的な政策決定を生み出すおそれがあるという。批判者たちは、三つの点を別々に指摘している。

第一に、行政機関への広範な権限付与は、立法権から行政への違憲な委譲にあたる。合衆国憲法第一編第一節に反し、各行政機関は現在、その権力を行使している。**第二に**、その最も強力な機関のなかには大統領から独立しているものもあるため、執行権に対する侵害であって無効である。合衆国憲法第二編第一節に反し、こうした行政機関は大統領のコントロールから自由に行政権を行使しているのである。**第三に**、近代的な司法のルールである。法的問題について各行政機関に敬譲することは、司法権の侵害、あるいはもしかしたら、法が何であるかを述べる裁判官の義務の放棄といえるかもしれない。合衆国憲法第三編第一節を無視して、各行政機関が法律を解釈することが許されてしまっているのである。

したがって行政国家は巧妙なトリックに成功していると批判される。立法権、行政権、司法権の帰属について、憲法で定められた本来の配分を一挙にひっくり返してしまうのである。

批判者たちは一枚岩ではなく、それぞれの具体的な論点についてさまざまな連合を形成している。その一部が原意主義者であり、合衆国憲法の原初の意味を代弁しようとしている。また、リバタリアンもいる。彼らは、自分たちが理解する意味での自由を重視し、現代の行政がそれを危うくしていると考えている。さらに、答責性と民主的統制を重視する民主主義者もいる。こうした視点には重要な違いがある（そして、さまざまなバリエーションが多くの国で見られる）。しかし何より、行政国家が法の支配を脅かすという、大きな一つの懸念に収斂している。

原意主義者にとって、行政国家は元々の憲法の約束と分離され、権力が分割された制度に対する明白な裏切りである。[1] リバタリアンにとって、行政国家は、私的自由と私有財産に介入し、法の支配の中核的価値に反して行動する恣意的な権力を行使できる、ほとんど歯止めのない裁量を有している。[2] 民主主義者にとっては、我ら人民から国家権力を行使する公職者への答責性のつながりがあまりにも弱い。立法者が最終的な政策選択に対する政治的責任を回避できるような、過度の行政裁量が認められているために損なわれているのだ。[3] 原意主義者は、憲法を正しく理解すれば民主的な答責性のつながりが生まれるといい、リバタリアンは、原初の合衆国憲法はリバタリアン的であるというかもしれない、といったことだ。いずれにせよ、現代の行政国家の存在そのものが、ある種の正統性の危機を生み出しているといわれる(4)。

行政国家を支持する人々は、そのアプローチや強調点はきわめて多様だが、間違いなく局地的な問題や病理が何であれ示されているとしても、全体として政治的あるいは法的に正統でないという考えを否定する(5)。行政国家の支持者たちは、それが現代社会の共通善を促進するために不可欠であり、弊害よりもはるかに多くの善をもたらしており、民主的な意思を明確に反映しており、憲法上の理由から完全に正統なものと考えている。要するに、歓迎しているのである。ときには、行政国家が憲法上禁じられているどころか、公共の福祉に奉仕するために憲法上必須であると主張されることもある。

行政国家の支持者たちは、アメリカ共和国での初期の実践を引き合いに出し、行政国家に反対する原意主義者の主張の弱点を強調する。つまり、行政国家は憲法の原初の意味に反してはいないというのだ。合衆国憲法第一編、第二編、第三編に、現代の行政機関の一般的な運用と矛盾するものはないと主張される。彼らは、議会の有効な承認（結局、運輸省、全国労働関係委員会、環境保護庁、その他を創設した）に具現化された行政国家の憲法上の正統性を指摘する。なかには、原意主義が憲法解釈の適切なアプローチではない、という主張もある。また、たとえ一七八〇～九〇年代に広く支持された見解に反するものであったとしても、何十年にもわたる定説を否定するのは傲慢であり、一種の思い上がりであるとも述べられる。

また、行政国家の支持者には、連邦議会と大統領府をさまざまな形で媒介として、その民主的な答責性を強調する者もいる。民主的な答責性を負う連邦議会は、たとえ行政機関に広範な裁量権を与えるとしても、市民には従うと指摘される。もし、連邦議会がそうするのであれば、それこそ市民が望んでいることだろう。もしそうなら、何が民主的に問題なのだろうか。主要な行政機関はすべて連邦議会の創造物であることを思い出してほしい。いずれにせよ、大統領府を含む最も重要な機関の多くは、大統領の意向で動く人々によって運営されており、その意味で大統領に対して強い答責性を負っているのである。

確かに、大統領から「独立」している機関もあり、そのメンバーが解雇されるには理由が必要である。連邦取引委員会、連邦通信委員会、連邦準備制度理事会、原子力規制委員会がそうである。しかし、独立機関はそれほど独立性が高いとはいえない。その委員長は大統領が任命し、その政策選好はホワイトハウスとほぼ一致していることがほとんどである。たとえ大統領がこれらの任命者に特定の決定を下すように命令できないとしても、任命権と他の権限によって、これらの機関は「頭のない第四の政府機関」ではないことが保障されている。

最後に、支持者たちは、行政国家は共通善と公共の福祉に関する合理的な判断を具現化するものであると擁護する。実際、行政国家は、市場からの搾取や不当な雇用条件によって傷ついたり、従属したり、あるいは病気や貧困、汚染、老齢の気まぐれによって害される多くの人々の自由と福祉を守るために、何らかの形で不可欠であるという[6]。行政活動の多くは市場の失敗への対応であり、それはたとえば汚染業者が引き起こす問題の代償の支払いを避けているような場面であると主張される[7]。また、行政は、（従業員、消費者、投資家などの）情報の欠如や、不当な背景条件、収奪、不正義に対応するものであるとも主張している。

このように、行政国家の支持者は、自由が正しく理解されたならば行政国家はそれに対する脅威ではないと主張している。その国家の実際の活動をいくつか考えてみよう。児童労働法がなければ、人々はより自由になれるだろうか？　労働安全法がなければ？　食品安全法がなければ？　セクシャル・ハラスメントからの保護がなければ？　大気汚染防止法がなければ？　パンデミックに対する保護がなければ？　行政国家を擁護する人々のなかには、憲法の使命を実行することが目的であるならば、行政国家は憲法上、許容されるだけでなく、ある意味で義務的であると主張する人もいる。(8)

我々は別々にも、一緒にも、こうした問題に関する自分たちの一階の意見を主張してきた。それらは明らかに行政国家の広範な裁量へと向かってきた。(9) 我々のうちの一人（サンスティーン）は、この広範な裁量は厚生主義の原理に従うべきだと主張しており、人間の行動の帰結に焦点を当て、費用便益分析を使用することを請け負っている。(10) もう一人のヴァーミュールは、広義の共通善と人間の幸福を促進することが政府の正しい目的であることに同意しているが、費用便益分析をそこまで信じていない。しかし、どちらも現状が完璧だとは思っていない。かなり重要な改革を支持するだろうが、その形態については必ずしも意見が一致していない。

しかし、ここでの我々のプロジェクトは、一階の見解を繰り返すことでも、主張することでもなく、また、それを放棄することでもない。その目的は控えめであるとともに、野心的でもある。我々は、批判者たちの懸念を内側から理解し、対処し、現在の論争を超え、さまざまな一階の見解を受け入れるための統一的な枠組みを提供できる構造を示すことを望み、共通善を促進し、根本的な問題についての激しい意見の相違のなかで進むべき道を見定めることを視野に入れている。この枠組みは、根本的な問題を理解しようとする両義的で不確実な観察者だけでなく、行政国家の最も熱心な支持者（その理想郷では、たとえ制約が少ないほうが望ましいとしても）、最も熱心な懐疑者（その理想郷では、たとえ憲法の無効化が望ましいとしても）にも受け入れられうるものだと、我々は考えている。我々は、この希望がきわめて楽観的であることを認める。それでも、この希望が現実的であると信じている。そして、その信念を支持する証拠を示すことにしよう。

似た例として合衆国憲法、世界人権宣言、ニカイア信条のように長く続く法的・政治的枠組みを考えると、これらはすべて共通の秩序内での広範な論争や対立を許容してきた[11]。我々の枠組みは行政国家の最大の支持者と批判者を含む、多様な立場の最も強い主張を包摂する試みである。もっとも、批判者は何が自分たちの最も強い主張かについて我々に同意しないかもしれないが。

この種の枠組みは、もちろん、特定の結果を規定したり、意見の相違を排除しようとする必要はない。それは枠組みの要点ではない。むしろ、生産的かつ構造的なあり方で議論できるような、共通の言語と共通の地平を提供することである。そうすることで、行政国家を批判する側と支持する側の双方に共通するもの、すなわち、憲法を共有する事業という、包括的で真の共通善を促進することが期待されるのである。

この期待をより具体的にするために、憲法と行政法の歴史における重要で基礎的な瞬間を振り返ってみることにする。一九五〇年、ロバート・ジャクソン判事はWong Yang Sung v. McGrath事件で合衆国最高裁判所の判決を書いた[12]。その法的論点はやや専門的であったが[13]、ここでの目的においてWong Yang Sung事件の重要性は、アメリカ公法における行政手続法（ＡＰＡ）とそれに付随する法理の役割を理解するためのマクロな原理を明らかにしたことにある。行政手続法について、ジャクソンは有名な一節で次のように書いている。

> 長く続いた論争を解決し、対立する社会的・政治的勢力が依拠することになる公式を制定している。多くの妥協と一般論が含まれており、間違いなく、いくつかの曖昧な点がある。経験によって欠陥が明らかになるかもしれない。しかし、もし裁判所が、この法律の条項が保障する限りにおいて、この法律が対象とする悪が現れた場合に、その救済目的を実現することを怠るとすれば、それは我々の政府形態と行政プロセスそのものに対する冒瀆であろう[14]。

ジャクソンのような理解は、一九七八年に彼の元ロークラークであるウィリアム・H・レンキストによって復活させられるまで、ほぼ休眠状態にあった。DC巡回区控訴裁判所によるコモンロー的な代理人手続きの即興は、Vermont Yankee v. NRDC 事件における連邦最高裁の全員一致の意見によって無効とされた[15]。レンキストの意見の序文は、アントニン・スカリアによって、「はじめに言葉があった」の法における同等物として記憶に残る形で述べられた[16]。レンキストは次のように述べる。

> 一九四六年、連邦議会は行政手続法を制定したが、これは、他の箇所で述べたように、「多くの行政機関における手続きに関する新しい、基本的かつ包括的な規制」（Wong Yang Sung v. McGrath, 339 U.S. 33（195））であるばかりか、「長く続いた論争を解決し、対立する社会的・政治的

勢力が依拠することになる公式」を制定した立法である[17]。

本書のこの後に続く章では、Wong Yang Sung 判決や Vermont Yankee 判決で強調された原理の力を回復し、新たにすることを目指す。我々が示すように、これらの原理は行政国家に対する異論のすべてに対してではないが、多くのものに強力な回答を提供する。我々は、行政法と行政国家との関係について、「長く続いた論争を解決し」、行政国家の限られた領域について生存の道を約束する枠組みを提供し、その上に「対立する社会的・政治的勢力が」依拠できる見解を述べることを目的とする。我々の見解の中心は、多くの法体系で広く支持されている一連の原理である。あまりに広く支持されているため、場合によっては自然的正義、自然手続的正義などの見出しで議論されるほどである。アメリカの制度では、これらはしばしば、「法のデュー・プロセス」の概念、「伝統」、または不特定の憲法法源に内在すると、むしろ曖昧にいわれている。

これらの原理を**行政法の道徳**と呼ぶことにする。例は本書の全体を通じて示されているが、直観を喚起するために、以下のような原理を検討する。

行政機関は自らのルールに従わなければならない。

遡及的なルール作成は望ましくない。濫用を防ぐために制限されなければならない。

公的機関による法や政策の宣言は、機関が実際に適用しているルールと一致していなければならない。

このような原理は大きな力を持っている。日々、それらは行政機関の権威を形成し、またそれを可能にしている。これから見るように、これらの原理、および関連する原理は、最小限の形での合法性を構成するものである。より強固な、願望的な形態になると、行政国家を批判する人々が「法の支配」などの見出しで一括りにする傾向にある懸念の多くに対応する理念である。

我々は自分たちの立場がある程度、シニカルなものであることを強く意識している。我々が擁護する行政法の道徳は、第二章と第三章で論じるように、それ自体、ある場合には、行政手続法の条文に根拠づけることが困難な原理の上に成り立っているのである。そのなかには司法の革新とみなすのが妥当なものもある。この原理は、広範な概念において法の支配の中心をなすものであるが、行政手続法ではどこにも明示的には規定されていない。Vermont Yankee 判決の立場からすると、そのような原理を「長く続く、困難な論争」に決着をつける方法として擁護することは奇妙に思えるかもしれない。

しかし、より高いレベルでは、我々のアプローチは、Wong Yang Sung 事件におけるジャクソン判事のプロジェクトを忠実に翻訳、または解釈したものであると信じている。その高いレベルにおいて我々のアプローチは、レンキストが行政手続法の条文に訴えたジャクソン流の目的、すなわち停戦協定（modus vivendi）の探求に資するものである。さらに、この目的によるアプローチは、それ自体、ジャクソンの原型を復元したものであり、レンキストはそれをある特定の方法で編集し、実行したに過ぎない。Wong Yang Sung 判決においてジャクソンは、行政手続法は長く続いた論争を解決するための方式を提供するものであるから、「それが対象とした悪が現れるところでは、その救済目的を実現するために」裁判所によって解釈されるべきだという結論に達した。この目的アプローチは、一九七八年のVermont Yankee判決では、ジャクソンからの引用を最後に切り捨て、厳格なテキスト主義的な路線をとったことが目立っている。その意味では、レンキストからジャクソンに遡及しているることになる。これから見るように、行政法が発展してきたなかですべて、あるいはほとんどの原理が行政手続法の条文や本来の理解に根ざしていると端的に表現することまではできない[18]。

最大の要点は単純だ。現在の行政法は深刻な対立によって引き裂かれている。Wong Yang Sung判決とVermont Yankee判決を合わせて読めば、行政法の主要で正統な目的は、行政国家の範囲、目的、権限に関する進行中の不一致を排除することなく、規制し、洗練させるための共通の枠組みを確立することであり、同時に、多様な基礎的コミットメントを持つ人々にアピールすべき価値を促進することであると確認されている。行政法の道徳を精緻化する我々のアプローチは、この精神に完全に基づくものである。

代替保護策とセカンドベスト

ここから述べるのは、行政国家とその諸制度に対するセカンドベストのアプローチに根付いた、私たちのアプローチを記述する別の方法である[19]。行政国家の批判者の多くは、法の支配と行政の過度な裁量について深い懸念を抱いているが、こうした懸念は、憲法の歴史と実践に基づく根拠が不明確な原意主義的な憲法論に埋め込まれている。彼らの好むアプローチは、行政機関の権限に対して憲法上の実体的な制限を設け、特に司法が、行政機関がなしうることを根本的に制限するような法理を実現することだ。そして大気浄化法、労働安全衛生法、連邦通信法の重要条項を含む国内法の重要部分を、現在も今後も打ち砕くことなのである。

現行法に関する限り、批判者たちのアプローチは驚くほど失敗している。第五章および本書全体を通して論じるように、近年、ロバーツ・コートによって行政法が根本的に見直されるだろうという批判者たちの興奮と期待は、（少なくともこれまでは）ひどく裏切られてきた。重要な事件で、連邦最高裁の多数派が、行政国家の運営について見込みがあるとされてきた異論を退けているのである。

しかし、連邦最高裁という組織が、批判者のもっともな懸念に耳を貸さなかったということにはならない。むしろ、現行法の最善の説明は、判事たちが異なるアプローチを採用したことであり、批判者の立場からすれば、理想的ではないもののセカンドベストとして容認されるか、少なくとも許容されるかもしれないものである、と我々は主張する。行政法は、Wong Yang Sung 判決の原理のもと、長年の激しい論争を和解させるような均衡状態に達したのである。このアプローチのもとで、行政法は法の道徳原理を代替的な保護策として収斂させてきた[20]。この保護策は、法の支配の侵害、行政の過度の裁量、恣意性、司法権の侵食について批判者が示した多くの価値や懸念の保護に役立っている。このような代替的な保護策は、現代の行政法の働きを最も魅力的な形で捉えており、また、将来に向けても重要な力を持っている。

我々が特に重視する「法の支配」の概念には、大きな争いがあることに留意することが重要である[21]。法の支配を自由市場の尊重、社会正義への一般的なコミットメント、さらには言論の自由や投票権の尊重と同一視することはないだろう。法の支配の概念が薄いということは、それにもかかわらず、政府が共通善と公共の福祉を追求するための方法を形成していることになる。我々が議論している原理は、たとえそれが想像しうる権利侵害を含むすべての悪に対する保護策ではないとしても、また実のところ、たとえそれが抑制装置であると同時に実現装置であっても、本質的には安全装置と理解されるべきものである。これから述べるように、行政法の道徳原理は、法としての行政法の有効性の前提条件として最もよく理解される。その意味で、それらはチャンネルを形作り、力を与えるのである。

保護策としての側面において、行政法の道徳原理は、行政国家の法をめぐる対立が熱を帯びた二〇一八年から二〇一九年一〇月の連邦最高裁においてまぎれもなく発揮された。連邦最高裁の反応は、行政機関の権限に対する実体的な制限を否定する一方で、行政機関の公式宣言が実際の動機や行動と一致するように、手続き原理と徹底した審査を通じて機関の裁量にチャンネルを合わせることだった。このように、連邦最高裁は一貫して、我々が指摘するようなアプローチを追求してきたのである。

もちろん、二〇一八‐一九年の開廷期はスナップショットに過ぎず、急速に後退していることを痛感している。しかし我々は、それが我々が説明する枠組みを例示し、照らし出しているという理由で探求している。これから示すように、その枠組みは持続的な魅力を持っている。それは当分の間、「社会的・政治的に対立する勢力が依拠する公式」なのである。そして、その創造的な可能性はほとんど尽きない。この枠組みは、新たな応用のための踏み台となるだけでなく、法の支配の価値を促進するための新たな、よりよい方法について新しい考えをもたらすことができる。

合法性と権威

説明と注意のために一言しておこう。本書は現代の民主主義が直面している最大の問題のいくつかに触れ、特にアメリカ合衆国に焦点を当てるが、多くの国の根本的な問題を語るという目的もある。行政国家は、立憲的であろうとなかろうと、深刻な問題なのだろうか。行政国家は、公職者が深刻な問題に対応できるようにすることで民主主義を促進するのか、それとも議員が難しい問題を避け、誰からも選ばれなかった公職者に権限を与えることで民主主義を損ねるのか。それは、（たとえば）専門家が高速道路での死亡事故を減らし、労働安全を高める方法を決定するのを助けることによって、正しく理解された自由と福祉を促進するのか、それとも、選挙で選ばれたのではない官僚が人々に命令するのを許すことによって、それを損なうのか。官僚をある種の「ディープ・ステート」とみなすべきなのだろうか。

これらの問いに答えるには、具体的で、かなり専門的な合法性の問題、つまり法律家たちの夢か悪夢のような複雑な問題を探求する必要がある。たとえば、次のようなことだ。「公共の利益」を促進するために連邦通信委員会にラジオやテレビの規制権限を与える憲法上の権限が、連邦議会にあるのか。労働省が「必要または適切」と考える安全衛生ルールを発行することを認めるか。運輸省に「実行可能」な交通安全ルールを発令する権限を与えるべきか。これらの疑問に答えるには、「非委任法理」と呼ばれるものを探求しなければならない。

連邦政府機関には、連邦法の曖昧さを解釈する権限があるのだろうか。もし連邦議会が大気浄化法に曖昧さを残した場合、環境保護庁はそれを解決できるのか。それとも司法の問題なのか。これが「シェブロン敬譲」の問題である。

そして連邦政府機関には、自らの規制の曖昧さを解釈する権限があるのか。もし連邦取引委員会が欺瞞的な広告を統制するルールを出したら、曖昧な用語の意味を整理する権限があるのか。それとも、それはひどい行為であり、濫用なのだろうか。これは「アウアー敬譲」の問題である。

非委任法理、シェブロン敬譲、アウアー敬譲、その他の専門的な問題については、十分に議論する必要がある。現代の行政国家に対する大規模な異論と、それにどう対処するかという基本的な問題は、具体的な問題への言及なしには理解できないからである。我々の最大のテーマのひとつは、ほとんど暗黙の想定にしていることだが、劇的で大規模な挑戦を敢行する人々の激しさが、実際の法律という具体的な材料との慎重な出会いによって和らぐだろうということである。専門的な問題を議論することが最大のテーマからの過度な逸脱とならないことを期待している。

本書の内容

第一章では、行政国家の立憲的正統性についての主な見解（しばしば対立する見解）を概説する。行政国家の憲法上の位置づけを根本的に批判する、「新しいコーク」と呼ばれる複合的な立場を明らかにし、それを一七八九年の原初の憲法によって法典化されたコモンローの基本線からの逸脱であるとする。我々は、「新しいコーク」が主張する原意主義的な主張は、重要なケースにおいては、原意主義的な言葉による現在主義的な主張であると反論している。我々の見解では、それらは法の支配と行政裁量に対する批判者の懸念を明確にする方法として顕著となった、憲法シーンにおける革新的なものなのである。

しかし、もし我々が歴史の問題として間違っていたとしたら、あるいは、そのような革新的な技術が支持され、賞賛に値するとしたらどうだろうか。根本的な懸念を否定するつもりはない。それどころか、本書の前提は、行政国家の基本的な正統性に疑いを持たない人であっても、あるいは特にそういう人こそ、この懸念を真剣に受け止め、対処すべきだということである。以下の章における我々の中心的な主張は、法がこうした懸念に別の方法で対処することが可能であり、そうすべきであるということだ。現代の行政国家が実際に深刻な憲法問題を提起していると主張する人々にとっても、この中心的な主張が、二番煎じであるにせよ、かなりの魅力を持つことを期待している。

第二章、第三章、第四章は積極的な見解を示すものである。これらの章では、法の支配に関連する具体的な原理を強調している。極端にいえば、このような原理を欠いた法制度は、真の法制度とはいえないほど不正義である。アメリカの行政国家は、よほどおかしな見方をしない限り、そのようなレベルの欠陥に悩まされることはない。しかし、その合法性の最低水準を超えても、こうした具体的な原理は、法の支配を尊重し、それを実現するシステムのための指針や願望として機能する。

しかし、これから述べるように、より理想的な合法性を追求することが、アメリカの行政法の唯一の正しい目的であるとはいいがたい。行政や司法の時間、注意、資源の制約を考えると、手続的な理想主義は必然的に、他のさまざまな正統な目的とトレードオフされなければならない。したがって多くの場合、法律は、行政機関に厳格な手続上の制限を課さず、単に手続上の（およびその他の）選択について、それらを計画上の目的と結びつけて合理的に説明するよう求めているにすぎない。

第二章では、アントニン・スカリア判事が「ルールの支配としての法の支配」と呼んだものに関して、こうしたテーマを検討している。[22] スカリアは、裁判官の作った法がルールと裁量基準のどちらの形をとるべきかという問題に取り組んでいたのである。我々は、行政官による無制限の裁量の行使を抑制するための法の努力を特に重視している。

第三章では、法の支配の中心的な問題である、行政の意思決定の時間的な延長に焦点を当てる。行政機関の意思決定の一貫性、それが生み出す信頼関係、そして合法性のために裁判所が両者をどれぐらい取り締まるのかについて探求している。恣意性に対する制約として、また合法性によって行政機関の効率的な活動を可能にするものとして、ルールと一貫した意思決定の徳性が強調される。

同時に、視野に入れるべき目標が行政法だけではないことも主張する。これまで述べてきたように、これらの目標は、行政機関の他の正統な計画上の目的の達成とトレードオフされなければならない。裁判所はしばしば、関連する政策環境の不確実性を考慮しながら、行政機関がその選択を正当化することだけを求めることによって、最善の結果を得ることができるのである。ここでは、合理的な正当化の要件が中心となっている。第四章では、我々のアプローチの限界、我々が提唱する法の道徳の理想的な原理に内在するトレードオフ、そして、そうした原理を見極め、それに反する合理的な行政判断に直面してもそれを執行する司法能力の限界について考察している。

第五章はケーススタディである。この章では行政国家の法と合法性をめぐるいくつかの壮大な論争の文脈で、我々のテーマを位置づけている。その多くは、ロバーツ・コートの重要な決定においてはっきりしたものとなっている。一般的なテーマは、代替的な保護策である。特に非委任法理、行政機関の規制解釈に対するアウアー敬譲、行政機関の意思決定は口実として審査されるべきかどうかという問題などを探求している。今日まで、行政国家に対する最も強力な批判者たちは、行政手続法の新しい解釈を通じて行政権限の範囲を抑制することを期待した限りにおいては、求めていた明確な成功を得ることはできなかった。しかし、連邦最高裁がその懸念に気づかないわけがない。それどころか、合法性の代替として法の支配の原理を用いるという、セカンドベストのアプローチを追求してきたのである。

たとえば連邦最高裁は、政府機関への支持の文脈で、政府機関による解釈が熟考された判断を表し、時とともに依存関係を考慮することを保障しようと目指してきたが、批判者が得ようと期待した法的問題の新たな司法審査という最善の（最適の）憲法原理を主張するようなことはしていない。同様に、商務省が国勢調査に市民権に関する質問を含めることを決定した際に、連邦最高裁が行った前歴審査という試みも、商務省の実体的判断と不確実性に直面した際の予測に幅広い敬譲を払うという判断であり、実体的な制約を課すことを拒否しながらも、考慮された機関の判断に期待するというテーマを追求するものであった。

少なくとも今日までの行政法に関するロバーツ・コートの判断の全体的な流れは、全面的な無効化や積極的な実体審査ではなく、間接的な保護策を通じて合法性や行政裁量に対する懸念を考慮に入れることであった。このような行政法の暗黙の手続き論理の精緻化を通じて、行政法は行政国家の正統性を回復する一方で、その批判者の不満も認め、長年の論争の解決への道を開いてきたのである。

この道はアメリカ合衆国にとっても、世界中の国々にとっても有望であると思う。なぜならそれは、現代の行政国家の正統な機能を権威づけ、その結果、共通善と人間の福祉を促進し、同時に、法の支配にかかわる価値を実現するのに役立つ可能性をもっているからである。

第一章　新しいコーク

二一世紀初頭、アメリカ公法は行政国家の正統性に対する根本的な批判を受けている。それは通常、「権力分立」の旗印のもとに行進している。主に学界で見られるが、法曹界にも一部支持がある。批判者たちはしばしば、専制や絶対主義の亡霊に言及する。ときにはスチュアート専制主義を持ち出し、それに対抗する（と思われる）英雄的存在、エドワード・コークに象徴されるコモンロー判事を称揚している。

ここでいう「新しいコーク」とは、近代行政国家の非正統性に対する信念に由来する一連の衝動を示す。「新しいコーク」は比較的控えめな形をとり、既存の学説をこうした衝動に合致する方向に少しずつ押し進める。しかし、より攻撃的な形態をとることもある。それは、長年にわたる実践を無効とするため、あるいは、法解釈の背景原理とされるものに照らしてそれらを変革するために、憲法上の大砲を発動させるようなものである。最も積極的な形では、大気浄化法、連邦通信法、労働安全衛生法、国家交通・自動車安全法などの連邦規制法の重要な条項を無効とするために憲法を持ち出すことになるであろう。

「新しいコーク」を宣言したものとして、ニール・ゴーサッチ判事が Gundy v. United States 事件において反対意見を述べ、非委任法理（nondelegation doctrine）を見直し、強化することを主張したことがあげられる。(1) また、Perez v. Mortgage Bankers Ass'n 事件におけるクラレンス・トーマス判事の反対意見では、法令解釈に対するシェブロン敬譲と、行政機関のルール解釈に対するアウアー敬譲の双方を覆すべきだと主張された。(2)「新しいコーク」については、ジャニス・ロジャース・ブラウン判事のワシントンDC巡回区控訴裁判所に対する挑発的な意見にも見ることができ、公的規制に反対し、非委任法理を復活させるように主張している。(3) これらの意見のいくつかは、リバタリアンの法学者やシンクタンクのコメンテーター、特にゲイリー・ローソンやフィリップ・ハンバーガーの研究成果を参照している。(4)

「新しいコーク」を受け入れる人たちの多くは、合衆国憲法の原初の意味を代弁する。歴史に強い関心を持っているのである。その歴史的考察は、有益で印象的である。(5) しかし失礼ながら、我々は「新しいコーク」を、徹底的に現代的な価値観と恐怖の産物である「生ける憲法」的な運動として理解するのが最もよいと考えている。このような現代的な恐怖は明らかに、ある方面ではニュー・ディールそのものに対する拒否反応が続いていることに起因している。(6)「新しいコーク」はアメリカ公法における他の運動とも似ている。この運動では、一種の「通常科学」が、特定のイデオロギー的方向から来る基本原理に基づいて、法と社会の改革への活発な努力によって対抗してきた。

憲法において知的反乱を見つけることは難しいことではない。たとえば、二〇世紀前半の経済立法に対する連邦最高裁による監視は、当時の多くの進歩的論者によって支持されていた司法抑制を代弁する、オリバー・ウェンデル・ホームズ判事とルイス・ブランダイス判事による厳しい反対意見に直面することになった。二〇世紀半ば、連邦最高裁の市民的自由と市民権に対する慎重な姿勢は、ウィリアム・O・ダグラス判事とヒューゴ・ブラック判事によって激しく批判された。彼らは概して、連邦最高裁の多数派が支持するよりも積極的な姿勢をとることを主張した。一九七〇年代と一九八〇年代には、ウィリアム・ブレナン判事とサーグッド・マーシャル判事が、学術的な理論家の大合唱のような支持を得て、憲法の大規模な見直しを求めて同様の主張を展開した。これらの主張は一般に、合衆国憲法の原初の意味に基づくものではなく、民主主義、自由、平等に関する大がかりな主張に根ざしたものであった。ここでいいたいのは、たとえ「新しいコーク」が歴史的に確固とした血統を主張できるとしても、それは憲法改正のための同様の野心的な努力と見なすべきだということである（我々はそれを疑問視している）。

二一世紀の最初の二十年間、行政国家の正統性に対する根本的な批判が、個別意見においてますます重要な役割を果たしていることは間違いない。多数意見に登場することもある。トーマス判事はその主唱者であるが、その見解はきわめて極端であるため、法廷では彼以外に支持者がいない。しかし、サミュエル・アリトー判事、ニール・ゴーサッチ判事、ロバーツ長官、ブレット・カヴァノー判事も、現代の行政機関が行使する裁量権に大きな懸念を表明することがある。このような懸念を表明する人々は、英米の憲法秩序の原理、特に行政特権に対する抵抗、すなわちスチュアート王の無法な専制に訴えたりする。スチュアート王朝の専制に対抗する英雄は、エドワード・コークに象徴されるコモンロー裁判官である。新しく即位したスチュアート王がいるところには「新しいコーク」もいるはずである。[7]

この章の目的は、イギリス憲法の歴史に関わるものではない。我々は懐疑的ではあるものの、「新しいコーク」に暗黙のうちに含まれている、歴史に関する定型的な説明が実際に正しいかどうかにはほとんど注意を払っていない。[8] その代わりになる目的は、「新しいコーク」が持つ具体的な法的コミットメントと、より広範な憲法理論の両方を明らかにすることだ。そして、それらを特に行政手続法と合衆国憲法に反映されているアメリカの公法について、我々がより冷静な見方としているものと接触させることである。この目的は比較的控えめなものである。我々は建国文書の原初の意味の理解を完全に再現するようなことは試みない。「新しいコーク」と行政国家に対する憲法上の攻撃を、そうした理解と結びつけることが困難である理由を示すだけで十分であろう。

我々は、「新しいコーク」が「通常科学」に対するこれまでの多くの攻撃と同様に、主として現代の価値観と恐怖の産物であると述べてきた。「新しいコーク」が歴史的な血統を主張しているにもかかわらず、裁判官によるその使用は、Roe v. Wade 判決、Obergefell v. Hodges 判決、（議論の余地なく）District of Columbia v. Heller 判決などの現在中心主義の決定と方法論的に一線を画している。[9] これらの判決では原意主義的な用語で書かれているかどうかにかかわらず、こうした価値観や恐怖が中心的な役割を担っている。

「新しいコーク」の最大の懸念は、行政が権力を濫用することへの圧倒的な恐怖である。[10] そのような懸念は、合衆国憲法を設計した人々にとってきわめて身近なものであり、その限りにおいて、現代の行政権に対する批判者は、原意主義に支持を見出すことができるのは確かである。結局のところ、合衆国憲法は国王に対する革命の余波のなかで書かれたのであり、その時代には行政権力に対する恐怖が顕著であったことは疑いようがない。アメリカ独立戦争に勝利する前まで、そうした恐怖は決定的なものであった。

しかし、アメリカの一般的な憲法秩序では、特に行政立法の場合、他の目標やリスクも考慮しており、行政による濫用を防止することを最優先の目標や基本原理としているわけではない。実際、建国世代の人々は、弱い政府ではなく、強い国家政府を望んでいた。彼らは無力な行政府を望んでいなかったし、行政組織が必要であることを知っていた。権限の濫用に関しては、行政の濫用そのものだけでなく、すべての権力を自らに引き寄せる可能性のある「立法の渦」を主に懸念していたのである。[11] 連合規約のもとで、彼らはこの渦の危険性をあらためて認識し、行政権に劣らず、またそれ以上に、この渦が深刻な脅威であると考えるようになった。建国世代の人々は、答責性のない司法による抑圧のリスクも懸念していた。行政、立法、司法のいずれの濫用も、原初の理解や最適な制度設計の問題として、厳密に最小化されるべきものではなかったのである。[12]

その代わりに、ジェームズ・マディソンが『ザ・フェデラリスト』第四一篇で書いたように、「あらゆる政治制度において、公共の幸福を増進する権力は、誤って適用され濫用される可能性のある裁量を伴う」[13]。公法は事実上、公的な濫用のリスクと他の目標や公約をトレードオフしている。これには、国民の参加と答責性（これはときに行政の強化につながる）、政府の効率化（これは同じ方向につながる）、合理的で協調的な政策立案、そして（アレクサンダー・ハミルトンの著作における重要なテーマである）共通善と全体の福祉の促進が含まれる。これらはしばしば公職者による行政活動という手段で行われるが、公職者は時に憲法上正統な「活力」を見せる[14]。

こうした複数の目標のために、合衆国憲法と行政国家は、行政の裁量を排除したり最小化したりするのではなく、チャンネルを合わせたり制約したりしようとする。「新しいコーク」は、明らかに限定的かつ一面的であり、重要な関心事の一部分しか反映しておらず、それゆえに、行政法および憲法の両方について、まるっきり部分的な説明しかできていない。もちろん、複数の目標についての広範な命題が、非委任法理の性質や、省庁ルールの解釈に与えられるべき適切な敬譲の程度といった具体的な問題を処理できないことは事実である。しかし、複数の目標について理解することで、行政の裁量を憲法の計画からの大規模な逸脱として扱ってしまうとか、司法審査の厳格化が我々を苦しめる問題の治療法であると考えている「新しいコーク」の中心にある想定を払拭できるはずだ。

加速する動き

裁判所の外では、「新しいコーク」の基盤は長い間にわたって醸成されてきた。ある意味では、その起源はニュー・ディール期、特に「絶対主義」を唱えたロスコー・パウンドの著作に見られる[15]。しかし、我々が関心を寄せるこの時期、つまり過去二〇年間に特に焦点が当てられてきたのである。ジョージ・W・ブッシュ政権では、左派と右派の市民リバタリアン、特に左派は、グアンタナモ湾といわゆる米国特許法に関して、大統領を「ジョージ三世」と呼んだり、大規模な行き過ぎのリスクや現実を引き合いに出して、専制政治のレトリックを呼び起こした[16]。ほぼ同時期に、しかしオバマ政権発足後に顕著な加速度をもって、自由主義・保守主義の法学における広範な運動が、現代の行政権力の行使に対する全面的な批判を提示するようになった。この運動の指導者たちは、「失われた憲法」あるいは「亡命憲法」の復元に力を注いでいた[17]。彼らは、行政国家あるいは大統領職、あるいは「行政」（緩やかな定義）が専制的な力を蓄積し、法の支配そのものを脅かす恐れがあると指摘するようになったのである。

トランプ政権では、行政機関に対する疑念は、政党によって焦点が異なるものの、ある意味で超党派的に行われてきた。政権支持派は、「ディープ・ステート」と呼ばれる法執行や国家安全保障における事実上の独立官僚組織のネットワークを批判し、政権の妥当な権限行使を不正に妨げていると考えている。いわゆる政権への抵抗勢力は、オバマ政権の決定を覆すような、あるいは抵抗勢力が不愉快に思うような、新しい分野を切り開く省庁の取り組みを官僚的・司法的に妨害することを賞賛しているのである。

法学界では、行政国家に懐疑的な人々がさまざまなアプローチを展開してきた。「亡命憲法」と呼ばれる運動は、失われつつある憲法のコミットメントに注目し、それを本来あるべき姿に戻すよう裁判所に求めた。『かつて、そしてこれからの王：アメリカにおける王室政治の台頭』や『行政国家は不法なのか』といったタイトルの本が出版された。これらの著者は、行政国家が、軽装ではあるが、スチュアート特権の一種を再現していると明確に主張した[18]。同時に、保守的な法学運動は、政党やイデオロギー的コミットメントの違いを超えて、明確な断層を示すものであった。保守派には、大統領の権力に不安を抱く者もいれば、行政官僚の権力が膨張し、大統領を含む誰に対しても十分な答責性を果たせないと考える者もいた。また、その両方に対する不安もある。

この二つの不安は、ときに緊張関係にあったし、現在もある。最も大まかにいえば、保守的な法曹界にはリバタリアンとガバメント・ロイヤーが存在する。前者は自由を優先し、大きな官僚制度を廃止することを主張するが、後者は慢性的に、「新しいコーク」とその行政権力への疑念に対してははるかに慎重で、それゆえ両義的である。後者にとって、大規模な官僚組織は、大統領に答責性がある限り、容認されるかもしれない。独立機関（証券取引委員会）のなかの独立機関を無効としたFree Enterprise Fund事件では、ロバーツ長官による多数意見で、大統領が官僚を統制する広い権限を持つことの必要性が強調された[19]。強い大統領制は、アメリカの憲法において、おそらく官僚制に対する主要なチェック機能である[20]。大統領の支配が行き着く先には、頭を持たない第四の部門が栄える（とされる）。ここまでは、おそらく順調だ。しかし、その部門は誰が統制しているのだろうか。そして、もし大統領が最終的な責任者であるなら、誰が大統領を統制するのだろうか。

連邦最高裁の内部

しかし、行政権の問題に関しては、ロバーツ・コートはさまざまな意見の対立を繰り返してきた。このことは示唆に富んでいる。連邦最高裁の記録には、Trump v. Hawaii事件において、移民と国家安全保障の問題に関して大統領職への幅広い敬譲を再確認する判決が含まれている[21]。また、Boumediene v. Bush事件やMedellin v. Texas事件のように、行政の主張を退けた、前例のない判決もある[22]。

Department of Commerce v. New York事件では、国勢調査における市民権に関する質問の「口実」をめぐり、そのような主張を否定する前例のない判決が出されている。[23] さらに、Zivotofsky v. Clinton事件では、明確な反対法が存在するにもかかわらず、行政権の最も重要な憲法上の主張を肯定する前例のない判決が出されている。[24]

実際、この緊張関係は、裁判官の間だけでなく、裁判官自身のなかにもあるように思われる。ソルジェニーツィンは、「善と悪を分ける線は、すべての人間の心を貫いている」[25]と述べている。行政権も同様であり、裁判官も自分の他の意見と矛盾したり、内的に葛藤する。最も顕著な例は、故アントニン・スカリア判事とジョン・ロバーツ長官であり、両者とも判事就任前には行政府で勤務していた。

スカリア判事が、City of Arlington v. FCC事件において各省庁が自らの管轄権の限界を決定する権限を極めて広範に認め、また、各省庁の規制に対する司法の敬譲を批判する熱意ある別の意見も書いていることを、遠くから見ているだけの者は想像しにくいだろう。[26] ロバーツ長官に関しては、同じ判事が、Free Enterprise Fund事件において、行政を通じた政治的答責性を美徳とし、統一行政府を強く支持すると同時に、行政府を含む機関への敬譲の範囲を限定しようとしたことも、遠くから見ていては想像がつかないだろう。[27] この敬譲は、政治的答責性に言及することで正当化されることが多かった。[28] これらの立場は、さまざまな根拠がある可能性があり、我々はそれを否定しないが、まったく異なる関心によって結びついているように思われる。

しかし、判例が乱立するなかで、一貫した傾向として、政治的答責性と私的自由の重要性を強調し、行政国家をその両方に対する深刻な危険と見なす「新しいコーク」のレトリックが成長してきた。[29] そ行政国家の発展と日常的な運営にとって中心的な問題の一種であった。合衆国憲法第二修正に関する問題は、本質的に、危険な技術製品に対する政府の規制権限の範囲であり、合衆国憲法第二修正である。少し考えてみれば、これはまったく驚くべきことではないことがわかる。合衆国憲法第二修正である。の手始めとして、意外かもしれないが、「新しいコーク」の出現と明らかに関連しているのが、合

District of Columbia v. Heller 事件では、スカリア判事が執筆した意見のなかで、自衛のために武器を保持し、携帯する個人の権利の根拠として、行政の専横を防ぐという大きな根拠が示された[30]。スチュアート朝の脅威が明確に提示された[31]。多数派の言葉を借りれば、「もし、第二修正の権利が、組織された民兵の一員として武器を保持し、使用する権利以上のものでないならば、専制政治に対する安全装置として『市民の民兵』の存在を保障するものではない。……それは、スチュアート王が有用であると考えた種類の選択的民兵を保障するものであり、建国世代の関心事であった人民の民兵を保障するものではない[32]」。

しかし、Heller 判決の文脈は、それがいかに重要で注目を集めるものであったとしても、やや特殊であり、実のところ限定的なものであった。この事件は、武器を携帯する個人の権利という特定の権利に関わるものであり、Heller 判決自体によれば、その権利は「道理にかなった」制限の対象となるものであった[33]。下級審は一般に、この権利をその論理の限界まで拡大することには固執しなかった。

さらに大きな問題として、行政国家に対する法的制限の設定において、専制君主の防止が発動されるかどうかが、背景に漂っていた。スカリア判事は、この点でも先駆者であった。この事件の同調意見として、行政機関が自らの規制の解釈についてアウアー法理を敬遠することはもはやないと宣言し、

専制の危険性から論じたのである。スカリアは専制政治の危険性から、政府機関が「自らの規制の曖昧さを解消」することについて、次のように書いている。

法律を制定する権限とそれを解釈する権限は同じ手には握られないという権力分立の基本原理を侵害する。「立法権と行政権が同一人物に統合された場合、自由はありえない。なぜなら、同じ君主または元老院が専制的な法律を制定し、専制的な方法でそれを執行するのではないかという懸念が生じる可能性があるからだ」。モンテスキュー『法の精神』。……アウアー法理は、……権力の横暴を許す危険な許可証である。(34)

自由への脅威と権力の横暴を強調したその大規模なレトリックは、「新しいコーク」を実行するための象徴的な例として見ることができる。

行政の権限濫用のリスク

「新しいコーク」には明らかに、行政権の濫用に対する恐怖が息づいている。我々の主要な目的の一つは、その恐怖にどう対処するかを探ることである。しかし、我々は、「新しいコーク」を受け入れる人々があまりにも近視眼的かつ恣意的に一組のリスクに焦点を当て、全体のリスクを無視していると述べてきた。この指摘は、法的文書に焦点を当てることで厳密に法的な観点から行うこともできるし、より実践的に、あるいは理論的に、関連する一連の価値観とそれをどのように受け入れるのがベストなのかに焦点を当てることもできる。

行政手続法

Wong Yang Sung 判決や Vermont Yankee 判決において、行政手続法が「対立する……勢力が拠り所とする公式」であるとした連邦最高裁の認識を想起してほしい[35]。しかし、それは単なる公式ではない。より詳細には、行政手続法の妥協は、安定性、行政権に対する制約、答責性、活発な政府に対する迅速性とエネルギーの必要性など、さまざまな変数のバランスをとるための特別な取り組みを反映している[36]。近代行政国家の理論家や設計者にとって、コモンローや市場秩序による法的権限や資格の委譲を通じて行使される私的権力は、それ自体が個人の自由に対する脅威であった[37]。したがって、企業やその他の私的権力の濫用に歯止めをかける活発な政府は、行政の濫用に対する制約と同様に、自由にとって不可欠なものであると考えられていたのである[38]。たとえば、社会保障庁、全国労働関係委員会、証券取引委員会、連邦取引委員会が自由を脅かす存在なのか、それとも自由にとって不可欠な存在なのかという疑問について考えてみると、道理にかなった考えをする人々の間でも意見の相違が見られる。

二〇世紀初頭に盛んに主張され、今日ではしばしば無視されている特殊な議論として、財産法や契約法を含むコモンローはそれ自体、許可と禁止に満ちた規制システムである、というものがある。ある人がたくさん持っていて、他の人が少ししか持っていないとしたら、それは自然がそう決めたからではないし、純粋に自発的な達成と失敗のせいでもない（それらは重要であるが）。また、法律が何を認め、何を保護し、何に報酬を与えるかを選択したためでもある。たとえば、ホームレスの人は、強制的であることを強調した財産法によって、住居を奪われる。このような状況において、先に述べたような近代的な機関の設立は、それまで規制のない自由が栄えていたところに法律や強制を押し付けるものではなかった。行政機関は、ある規制システムを別のものに置き換えたのである。行政機関の支持者の多くは、その代わりになるものが自由や福祉を向上させるかどうかが問題であって、強制が突然現れるかどうかは問題ではないと考えている。

行政手続法の妥協は、ニュー・ディールや活発な政府の支持者の全面的な勝利を反映したものでは決してない。私的自由の擁護者たちは、彼らが理解するように、和解において重要な役割を果たしたのである。しかし、そのバランスは、ニュー・ディール時代に顕著であった、近代的な行政機関が提供する複数の価値観に対する国民の認識に関わっていた。ニュー・ディールの反対派は、負けはしなかったにせよ、勝ちもしなかったのである[39]。行政手続法の妥協案では、議会は行政の濫用のリスクを減らすために手続き上の保護策を設け、また、特に「実体的証拠」テストによって司法の役割を認め、ある意味で強化した[40]。しかし、これらの保護措置は、当局の行動を誘導し、権限を与えるものでもある。行政手続法は「新しいコーク」を受け入れてはいない。それどころか、そうしないことを明確に定めている[41]。

行政手続法が隙間や曖昧さを残していることは誰も疑わないが、その条件に沿って、司法は、自由を侵害すると見なされる行政行為に対する制約を強化する方向に向かうかもしれない。たとえば、司法は、法令や規制の独立した司法解釈を主張するかもしれない（第五章で取り上げる問題）。しかし、行政手続法が全体として、トーマス判事とその時々の盟友が描いたような役割を要求していると主張することはありえない。「新しいコーク」を受け入れる人々によれば、ニュー・ディーラーたちは悪人であるが、行政手続法を喜んで、ある種の熱意をもって受け入れるようになった。真面目に考えれば、「新しいコーク」の構想は行政手続法に対立するものである。それは、行政国家という適応が根本的に間違っていると烙印を押すものである。

合衆国憲法

「新しいコーク」の正統な出所とされる合衆国憲法はどうだろうか。我々は、大まかにいって、重要な点で合衆国憲法は行政手続法に類似していると考えている。建国文書もまた妥協の産物であり、私的自由の保護を含む競合する価値観や見解の間でバランスをとっており、行政を抑制することを一義的には語っていない[42]。もちろん、起草者たちは王制の創設の危険性を強く懸念しており、反連邦主義者たちは、この危険性に十分対抗していないという理由で、この文書に激しく反対した。もちろん、私的自由は重要である。しかし、建国世代は、連合規約のなかに行政権がないことを嘆いた[43]。アレクサンダー・ハミルトンの影響もあり、彼らは精力的で協調的な行政府を確保しようとした。政府にある程度の効率性を求め、連合規約のもとで見られた弱点や麻痺を克服する枠組みを作ろうとしたのである。

ハミルトン自身の言葉を借りれば、「弱い行政は、政府の実行力が弱いことを意味する。弱い行政は、悪い行政の別の表現に過ぎず、理論的にはどうであれ実践的には悪い行政に違いない[44]」。ハミルトンがいうように、「すべての良識ある者は、活力ある行政の必要性に同意するであろう[45]」。ハミルトンの言葉を借りれば、それは「第一に統一性、第二に持続期間、第三にそれを支える適切な規定、第四に有能な権限[46]」である。

我々は、ハミルトンの抽象的な主張が特定の問題を解決できることを主張するものではない。それは連邦議会が行政機関に無制限の権限を付与することが許されることを証明するものでもない。また、シェブロンやアウアー法理が正しいことを証明するものでもない。しかし、重要ではある。少なくとも、「新しいコーク」が主張する憲法上の血統や、建国世代にとって行政裁量が回避すべき憲法上の中心的な悪であり、君主制の遺産に対する報復である、という見解に深刻な疑念を抱かせるものである。

意外なことに、マディソンはこれに強く同意した。マディソンは『ザ・フェデラリスト』第四一篇において、強力な国家政府の必要性について概説し、「新しいコーク」に関する文献に広く見られる、濫用の危険性それ自体が政府の権力を制限する十分な理由になるという考えを否定している。

政府の広範な権力に反対する議論に誠実に耳を傾けてきた人たちは、その著者たちが、これらの権力が必要な目的を達成するために必要な手段であるかどうかをほとんど考慮していないことを見逃すことはできない。彼らはむしろ、あらゆる政治的利点と不可避的に混ざり合うはずの不都合や、有益な利用が可能なあらゆる権力や信頼に付随する可能性のある濫用にこだわったのだ。

……冷静で率直な人々はすぐに、人間の最も純粋な祝福には、一部合金が含まれていなければならないと考えるだろう。そして、より少ない悪でないとしても、また**完全**でないにしても、**より優れた**善をなすようにつねに選択がなされなければならないことを。またあらゆる政治機関において、公共の幸福を増進させる権力は、誤って適用され、濫用される可能性がある不利益をともなうものであることを。したがって、権力が付与されるすべての場合において、最初に決定されるべき点は、そのような権力が公共の利益にとって必要かどうかである。また、積極的な決定の場合には、公共の不利益につながる権力の転用をできるだけ効果的に防止することが次の課題となることがわかるだろう[47]。

確かに、マディソンはここで、行政権についてというよりも、連邦政府全体の権力について述べている。しかし、ハミルトンと同様、マディソンも行政権の過度な制限はかえって逆効果になると考えていたことも事実である。より一般的なレベルでは、いずれにせよ、必要な変更を加える限り（Mutatis Mutandis）、マディソンはここで、反連邦主義者を苦しめたのと同じように、行政権に対する「新しいコーク」批判者を苦しめる、誤った推論様式を診断しているのである。

問題は、ある種のリスク、すなわち、（連邦）政府の作為のリスクと不作為のリスク、政府の機能から生じるリスクと連合規約の体制のような機能不全の政府のリスク、新しい権力によって生じるリスクとそれによって対抗しうる古い権力のリスクに、気まぐれに目を向けることにある。このような目の向け方は、全体としてみれば有益な存在であるはずの適切な手続き上の保護措置と対になりうる権力を排除したり、厳しく制約したりするような誤った要請を生むことになる。特に、行政手続法のスキームと進化するアメリカの行政法に内在する手続き的原理を不適当であるとする限り、ここに「新しいコーク」の誤謬の完璧な診断がある。

実践的なレベルでは、共和国初期に行政官に幅広い裁量権が与えられていたことは、建国世代の大らかな考え方を物語っている。[48] 初期における広範な実践的実践は、一般の福祉を促進するための行政権の重要性と利点を認識している。[49] 合衆国憲法が現代の行政国家と相反していると考える人々は、ジェリー・マショーがきわめて詳細に説明している歴史的資料に、まだ十分に取り組んでいないのである。[50] とりわけ、フィラデルフィア憲法制定会議、批准に関する議論、一九世紀の最初の数十年間において、現代の擁護者が理解するような非委任法理を広く支持するものを見つけるのは困難である。[51] その根拠とされるものの多くは、連邦議会が行政官に裁量権を与える合衆国憲法上の権限を欠いているという特定の主張よりも、(誰も異議を唱えない) 権力の分立や立法権と行政権を分離する特定の必要性 (誰も異議を唱えない) についての抽象的な文章で構成されるものであった。

最も広範な問題において、憲法の仕組みが「新しいコーク」に有利に働くと簡単には考えられない。だからこそ、行政機関に対する大規模な攻撃の根拠として建国文書を持ち出す人々は、歴史や原意主義を代弁しているというよりも、二一世紀初頭の見解や信念を代弁しているのだと指摘したい。[52] 建国期に頻繁に言及しているにもかかわらず、彼らの関心は原意主義ではなく、現在の社会運動やコモンロー立憲主義にあるように聞こえる。

このことは、建国文書の文言が「新しいコーク」を排除しているとか、憲法制定会議や批准の際の重要な討議が「新しいコーク」のために行われなかったということではない。我々はそれを支持しないが、非委任法理の強化版は、文書そのものの文言と明らかに矛盾するものではないだろう。我々は支持しないが、トーマス判事が拘束力のある規制を認めないのは、合衆国憲法第一編の条文単体としては、不可能な理解とはいえない。我々は支持しないが、権力分立に関わる背景原理は、シェブロンとアウアーの法理に対抗するために、誠実に、真顔で持ち出されている[53]（これらの問題は第五章で取り上げる）。我々は、憲法の内容をなすテキストがそれ自体として、「新しいコーク」の方向に向かうような行政権の制限を求めると解釈される可能性があるという主張を否定しない。

合衆国憲法が空白や曖昧さを残している限り、そして関連する法資料がそれを許容している限り、裁判官は「新しいコーク」を受け入れるべきか、少なくともその方向へ一歩踏み出すべきか。新しい歴史的研究が、「新しいコーク」に対する原意主義者の予想外の強い支持を発見した場合、裁判官はそれを行うべきだろうか。そうは思わない。何十年にもわたって必要性を感じてきた成果である、確立された実践には、その主張がある。制約や無効化には民主主義のコストを含むコストがかかり、それがどのように理解されようとも、自由を危険にさらすことさえある。もし、行政の裁量に対する制約が、実践的には司法の裁量を拡大することになり、ジェームズ・ランディスらが主張したように、裁判官の政治的価値観が大きな役割を果たすようになれば、問題は大きくなる。この変化は、技術的専門性と政治的答責性が大きく問われる場合には、特に歓迎されないはずである。「新しいコーク」がもたらす皮肉な帰結は、そのような大規模なシフトを、ある特異な魅力のない文脈で生じさせることであろう。[54]

もちろん、「新しいコーク」と行政国家に対する全面的な憲法上の攻撃に深くコミットしている人々もいる。我々は、本章の議論がそのようなコミットメントを払拭するのに十分であると錯覚しているわけではない。我々の大きな目標を思い出してほしい。それは、一階の見解が異なるさまざまな信念を持つ人々が、魅力的なセカンドベストとしてであれ、区別するアプローチに収束することを望むかもしれないと示唆することである。次に、この目標に目を向ける。

我々が提案する枠組みは、（最低限の条件が満たされる限り）真の行政法、そしておそらくは（もっと意欲的な条件が満たされるならば）魅力的で成功した行政法を作るための一連の手続き原理を中心に据えたものである。また、我々は現代の行政法に対する懐疑論者と、彼らの懸念にどのように対応するのが最善であるかに焦点を当ててきたが、この枠組みは、行政国家（過去、現在、未来）に対する熱狂的な支持者にも対応し、行政国家が、機関の行動を誘導する手続きによって完全に効率的になることを支援する原理を描くように意図したものである。言い換えれば、これから述べる原理は、制約としてのみ理解されるものでは決してない。その代わり、最小限の形ではそれらは法としての行政法の有効性の前提条件でもあり、もっと望みの高い形では、複雑なトレードオフがつねに必要であるとしても、行政法の規制理念であると述べたい。

この基本原理は、多くの場合、合衆国憲法、行政手続法、あるいは政府機関の権限を規定する連邦機関法のような支配的な法文に直接根ざしているわけではないが、これから述べるように、裁判官はしばしば、曖昧な、あるいは開かれた意味の許す限り、こうした原理を文中に読み込むように誘惑される。むしろ、こうした原理は、行政法を含む共通善に資する（現実の）法の創造に向けた、一種の自然な論理に従うものである。我々は、裁判官が、ある程度は直観的に、こうした原理をおおいに利用した機関決定に対する司法審査についての一連の法理を作り上げてきたことを、全体を通して主張する。

私たちのアプローチは、現行の法理を理解可能にし、裁判所が実際に行ってきたことに合致し、またその判断を魅力的にするものである[1]。また、米国を含む多くの国々において、現行法が我々のアプローチに完全に合致していない限り、ある程度の批判を行うことができる。我々がここで理解するような法の支配の約束は、依然として不完全にしか実現されていないのである。

法と道徳

法は道徳的か。ある法律が不道徳であったり、ある程度以上に不道徳であったりする場合、それゆえに、それはまったく法ではないのだろうか。

後の問いは愚問であり、法が何であるかの主張と法の道徳性の主張は分離でき、またそれが重要であると考える人々もいる[2]。しかしロナルド・ドゥオーキンのように、裁判官にとって法の内容の判断は、少なくともハード・ケースでは道徳的判断に依存するため、そのような分離はありえないと主張する者もいる[3]。ロン・フラーは、法の任務を遂行するための手続上の前提条件として、別の関連した議論を展開している[4]。フラーによれば法には内在的な道徳があり、そこには義務という最小限の道徳と、もっと熱望に満ちた道徳がある。[5] もし、法システムと称するものが義務という内在道徳に違反し、最小限の閾値さえ下回っているならば「法システムとはまったくいえない。——おそらく、無効な契約が依然、一種の契約といえるようなピクウィック的意味を除けば」[6]。フラーの考えでは、ナチズムが念頭にあっただろうが、法システムと称されていてもまったくそうでないものがある。

しかし、法の内在道徳はいったい何からなるのだろうか。フラーは、レックスという立法者のさまざまな失敗をカタログ化し、最も鮮やかに表現するなかで、「法ルールの体系を作り、維持しようとする試みが失敗する可能性がある」八つの方法を明記している。[7]

(1) そもそもルールを作らず、すべての問題がケースバイケースで判断されるようにすること。
(2) 影響を受ける当事者が遵守すべきルールを認識していないという意味での、透明性の欠如。
(3) 人々が現在のルールに頼ることができず、変更の脅威にさらされているという意味での、遡及の乱用。
(4) ルールを理解しやすくしていないこと。
(5) たがいに矛盾するルールの発令。
(6) 行う能力のないことを要求するルール。
(7) ルールが頻繁に変更されるため、人々がルールに沿って行動を方向づけることができないこと。
(8) 発表されたルールと運用されているルールのミスマッチ。[8]

こうした場合、いずれも最低限の義務道徳の違反がある。こうした失敗や濫用によって、不幸なレックスは法を「まったく」作らなかったことになる[9]（民主国家や非民主国家が法の道徳に違反するかもしれないし、民主国家や非民主国家が法の道徳に従うかもしれないことに注意してほしい。結局のところ、フラーのレックスは王だったのである）。フラーによれば、こうした「流産」の仕方は極端であり、悪夢のようなものである。どんな種類のルールにも縛られることなく、すべての問題を「ケースバイケース」で決定することは、きわめて珍しいことだ。ルールの意味がわからないという意味での「ルールの理解不能」は、公職者がコミュニケーションのつもりで認識可能な言語で書いている限り、簡単には起こりえないことである。

しかし、民主国家であろうとなかろうと、近代国家の市民にとっては、フラーがあげている失敗のいくつかはしっかりと認識されている。たとえば、多くの人々は、行政機関がルールを作らず、その代わりにケースバイケースで進めていることがあまりに多いと考えている[10]。この失敗は、計画を妨げ、予測不可能性を促進するとして批判される。別の見方をすれば、一部の機関は、実際にはできないことをするように要求している[11]。さらに別の見方をすれば、一部の（多くの！）機関は、ルールや実践を十分に理解できるようにせず、忖度のゲームや耐えがたい混乱を引き起こしている。

こうした原理は、行政国家や行政法を考えるうえでどのような効用をもたらすのだろうか。我々の主な目的は、法哲学的なものではまったくない。H・L・A・ハートは、法システムがそれであるためには何でなければならないかというフラーの主張に対して、有名な反論を唱えたが[12]、我々はその根本的な議論に立脚するつもりはない。実際、それが特に興味深いものであるかどうかはわからない。

フラーが理解するような法の支配に従わないシステムは、極論すればまったく法でない、と主張することは確かにわかりやすい。その主張と折り合いをつけるためには、「法システム」を定義する必要があるが、この種の議論は意味論的な部分が大きく、特に有益ではないと思う。その点が正しいかどうかは別として、我々は、行政法のシステムが法としてどのように機能しうるかを理解する方法として、法の支配のフラー的な考え方を持ち出したのであって、法哲学的な論争をするためではない。[13]

我々は法哲学の議論をする代わりに、法の道徳を再生し、行政法における長年の議論（我々はそれが最も執拗だと思う）に接続させることを目指している。[14] 最大の提案は、行政法の道徳を理解することにより、バラバラに作られた法理を統一することができ、おそらくこの分野全体も統一することができるということである。

また、法の内在道徳を理解することは、行政国家に対する現代の批判を最もよく理解させ、先に説明したように、「長く続く、困難な論争」を、Wong Yang Sung 判決や Vermont Yankee 判決で示された、小文字の行政国家の基礎的原理にしたがって収束させる、ある種のマクロな決着をつける道を示すと主張する。第一章で見たように、官僚による裁量権の行使に対する懸念は、確かに学術的な観察者の間では、一種の最高潮のように高い水準に達している。[15] このような懸念の一部は、第一編、第二編、第三編の解釈の論争に根ざした、新しい憲法理論に基づくものであることが多い。

最も共感的に理解されるのは、批判者たちが法の内在道徳を代表して発言していることである、と提案する。我々が理解するところでは、この批判者たちは、行政国家が、少なくとも熱望の問題として、内在道徳を尊重するようにすることで法システムの誤作動を防ごうとしているのである。そうした見解では、行政機関はしばしばその道徳に違反している。

批判者たちが自分たちの反論をこのように理解することを受け入れると主張しているのではない。その主張がたとえば、合衆国憲法のもとで連邦議会は行政機関の裁量を厳しく制約しなければならないとか、行政機関は拘束力のあるルールを発令してはならないなどと示唆するのであれば、それはフラーをはるかに超えているのである。しかし、批判者たちが法の支配と非構造的な裁量のリスクに関心を抱いている限り、行政国家に適用される法の内在道徳は、彼らの最も重要な懸念の一部を捉えている。法の内在道徳が、憲法上最も重い大砲（非委任を理由に裁量権の付与を無効にするなど、第五章参照）の使用を求めないとしても、少なくとも、行政機関の活動が法の支配の概念に吹き込まれ、構造化されることを保障するだろう。法の支配は、恣意的な命令としてではなく、有効かつ法として有効であるような方法で、機関の裁量を整序し、形作る。[16]

これから示すように、驚くほど多くの法理的な原理が、大小を問わず、この枠組みから抜け出していると理解することができる。明確な肯定的根拠を持つかどうかにかかわらず、それらの法理的な原理は明らかに広くアピールするものである。今後数十年の間に、それらの多くは精緻化されたり、拡張されたりするだろう。

ルールと法の支配

まず、フラーが法システムでないものを生み出す「最初の」かつ「明白な」方法とみなしている、

「重要なルールをまったく作らない」[17]ことに直接対応する、裁判官が作った法理の調査から始める。そのなかでフラーは、ここでの我々の関心事に明確に言及し、「おそらく一般ルールを達成できなかった最も顕著な失敗は、米国の規制機関のものだ」と強く主張している。[18]フラーは、「最初はケースバイケースで進めることで、徐々に一般的な判断基準を開発できるような見識を得られると信じて」行動してきたかもしれないと主張したが、[19]一部の機関では「この希望はほとんど完全に裏切られてしまった」。[20]

フラーはこの失敗の原因を、一般的な基準を作成するために裁決を利用しようとする機関の努力にあると考え、その努力は成功しないと考えていた。[21]しかし、そうであっても、一部の行政機関が「重要なルールをまったく作成できていない」ことを嘆いている。[22]彼は、「公正であろうと不公正であろうと、何らかのルールがなければならない」と主張した。[23]これから見るように、多くの裁判官は、この結論と、重要な言葉である「なければならない（must）」に同意している。我々は古い法理から出発し、新しい法理に至る。

1　ルールなき行政：もちろん、政府機関がルールによって統制されなければならないことはまったく明らかであると考える人々もいる。合衆国憲法第一編第一節は、すべての立法権を連邦議会に帰属させており、ルールなき自由な権限の付与は、この規定に違反するという見解もある。連邦議会が各省庁に権限を与えるときは、必ず各省庁の裁量に配慮しなければならない。連邦最高裁は、権限の付与には「理解可能な原理」をともなわなければならないとして、この原理に名目上同意しているが、[24]

この原理を繰り返し述べているにもかかわらず、連邦最高裁は、ルールをまったく作らない広範な権限の付与でも、この要件を十分に満たしていると繰り返し認めている[25]。

非委任法理については第五章で詳しく説明する。ただし、その根底には、連邦議会がその固有の答責性を果たすために、合衆国憲法で定められた、法律を作成する権限を行使しなければならず、そのためには行政権を行使する者の裁量に制限が必要であるという考え方がある、ということに留意してもらいたい[26]。しかし、非委任法理の擁護者の多くは、フラー的な響きを持つ議論を展開するなかで、非委任法理が法の支配と密接に関連していると考えている[27]。ある意味で、非委任法理は、フラーのいう最初の失敗を回避するための裏技ともいえる。裁判所が非委任法理の行使に消極的なのは、法の支配の価値や法の内在道徳の観点からは破滅的であると考えているからである。

この点から見ると、行政手続法はあまり助けにならないように思われる。実際、行政手続法は、各省庁が望むのであれば、ルールを避け、その場しのぎのやり方で進める権限を与えているように思われる。近代行政国家の初期には、行政機関はルール作成ではなく、ケースバイケースの裁決を行うのが普通であり、これこそまさにフラーが忌み嫌うところであった。たとえば、証券取引委員会、連邦取引委員会、全国労働関係委員会は、基本的にルール作成を行わず、特定のケースに遭遇することで政策を立案していった。確かに、司法判断に劣らず、こうしたケースにおける行政機関の判断がルールの体制を生み出すことはよくあることである。しかし、当時は、当局がそのような体制を作れず、法の支配に深刻な問題が生じたとする意見が一般的であった[28]。

行政手続法のどの条項も、この問題を正面からは取り上げていない。もし当局がルール作成を望むのであれば、それを行う権限がある。[29] また、裁決を好むのであれば、そのアプローチも可能である。[30] しかし下級審は、曖昧な法源に基づくいくつかの異なる法理論的ルートを通じて、政府機関がルールを回避する資格を有するという考え方に大きな圧力をかけてきた。そのうちの一つのルートは行き止まりであることが判明している（あるいは連邦最高裁はそう判断している）。他のルートは、元々の想定と思われるものには及ばないが、明確な法的根拠がないにもかかわらず、ある程度は実行可能であり続けている。

2 デーヴィスの提案：ここで欠かすことのできない背景は、一九五〇年から一九八〇年の間に全米で最も影響力のあった行政法学者であろうケネス・カルプ・デーヴィスの研究にある。一九六九年、デーヴィスは「委任への新しいアプローチ」[31]という短い論文を発表した。この論文は、法の内在道徳を代弁していると容易に受け取れる。

デーヴィスの中心的な主張は、行政国家に対する現代のいくつかの不満の先取りであり、アメリカの法システムは、自由裁量の行使という形で、深刻な問題、さらには危機に直面しているというものであった。行政国家は、法の支配とその場しのぎの判断という、他の何よりも大きな問題を抱えているというのが、彼の見解である。彼は大胆にもこう切り出した。

非委任法理はほぼ完全に失敗している。立法権の委譲を防止することはできなかった。また、委任された権力が意味のある基準によって導かれることを保障するという、後の目的も達成されていない。さらに重要なことは、不必要で制御不能な裁量権に対する必要な保護を提供できていないことである。裁判所は、非委任法理が不十分であることを認め、恣意的な行政権から保護するためのよりよい方法を考案する時期に来ている(32)。

デーヴィスは、この「よりよい方法」をもって、裁判官による一種の革命を起こそうとしたのである。法の内在道徳という考え方に基づき、裁判所は非委任法理を放棄し、「実践的な限りにおいて、行政は適切な保護策によってその裁量権を構成し、基準、原理、ルールによってその裁量権を制限し、導かなければならないという、より広範な要件を、司法によって強制されるべき」だと主張した(33)。彼の考えでは、裁判所は「不必要で制御不能な裁量権に起因する不正義から私的当事者を保護する」べきである(34)。

そのためのよい方法は、「法定の基準が不十分な場合には、行政基準を要求する(35)」ことであろう。注目すべきは、デーヴィスがこの要求の法的根拠を明示していないことである。それは連邦コモンローの形を通じて課せられると考えていたようであり、このことはデーヴィスの他の問題での見解とも整合している(36)。また、デーヴィスが、裁量的な司法があたかも公理的に悪いものであるかのように、つまり、彼の「はるかに広い要件」が自明のこととして公共の利益のためにあるかのように書いていることも注目される。彼にとっては（彼に続く多くの人々にとっても）、行政機関の裁量権の行使が行政法の主要な対象であり、またそうであるべきであった(37)。この見解には異論の余地があることに注意しなければならない。もし、社会福祉の促進が目的であれば裁量は問題かもしれないが、適切な想定のもとでは解決策になるかもしれない。いずれにせよ、より根本的な問題は、行政機関が福祉を促進する政策選択をすることによって、人々の生活を向上させているかどうかということである。こうした点については、また述べることにしよう。しかし、弁護士や裁判官にとって、デーヴィスの主張には直観的に訴えるものが多く、また今もそうであることに疑いの余地はない。何よりも、法の支配と法の内在道徳へのコミットメントを基礎としているからである。

3 DC巡回控訴裁における基準と裁量：デーヴィスの主張は、ちょうど二年後、最も著名な控訴裁判所判事の一人であったハロルド・レヴェンタール判事（当時、連邦地裁判事）の共感を得ることになった。この事件は、ニクソン大統領に賃金と物価の凍結を許可した法令に対する憲法上の攻撃であった[38]。この法律は、大統領の裁量権の行使を規律するためのルールや基準を提供せず、それゆえに非委任の問題を引き起こすように思われた。レヴェンタールは、法令上の制約が十分であると判断した。しかし、レヴェンタールは、「行政権限の過度の拡大を避けるための継続的な行政基準の必要性」と題する節を設け、デーヴィスの指摘を紹介し、法が法として成立するために法が何をしなければならないか、あるいはどうあるべきかという観点から語っているように思われる[39]。

「白紙委任」のレトリックを鈍らせるもう一つの特徴は、凍結後、法律のもとで行政府がとる行動は、行政府が作成したさらなる基準に従わなければならないという要件である。この要件は、法の支配に内在し、法に暗黙の了解となっている。つまり、当初は行政府の裁量がいかに大きかろうと、いったん作成された基準によって、その後の行政措置の自由度が制限されるのである[40]。

レヴェンタール判事は、「立法府の究極の基準と目的に付随し、それを実施する、分かりやすい行政政策の継続的な要件がある」[41]と付け加えた。我々の目的にとって、最も重要な言葉は、「法の支配に内在し、この法に含意される（Inherent in the Rule of Law and implicit in the Act）」である。それを具体化しうる憲法上の規定は別として、法の支配は（大文字であろうとなかろうと）当然ながらそのような強制力はなく、レヴェンタールは、合衆国憲法のデュー・プロセス条項、または権利章典の他の条項が、行政府にさらなる基準を作成しそれを遵守するよう求めるものであるという主張はしていない。そして、よくあることだが、「含意（implicit）」という単語は、「ない」を意味することが判明した。基本的な法令に、実施基準の作成を要求するものは何もなかった。

こうした懸念にもかかわらず、レヴェンタール判事の基本的なアプローチは、ワシントンDC巡回控訴裁のいくつかの重要な判決で中心的な役割を果たし、かなりの期間、「フラーの応用」のようなものがこの国の法律であるかのように思われたのであった。重要な判決は、労働安全衛生法の主要条項の合憲性に関わるもので、労働長官に「安全で健康的な雇用と就業の場を提供するために必要または適切な[42]」規制を発する権限を与えている。それが明らかに無制限であるため、DC巡回控訴裁は、労働省がその意味を特定しなければ、こうした言葉は非委任法理に違反すると判断した[43]。

もちろん、これはデーヴィスが求めていたことであり、法の支配がないことに対するフラーの反論を十分に解決するものであった。再送の際、同省は控訴裁判所の要求通りに、裁量権の行使方法を明確にし、将来の選択について十分と思われる規律を提示した[44]。同裁判所によれば、同省はもはやルール不在で運営されているわけではないので、憲法問題は解決されたことになる。

数年後、大気浄化法の一見自由な条項のもとで同じ問題が発生した。[45] DC巡回控訴裁は、環境保護庁が明確な施行ルールによって自らを律すれば、問題は解決すると再び反論した。裁判所の言葉を借りれば、憲法違反の権限委譲に直面した場合、「我々の対応は、法律を打ち壊すことではなく、当局が独自に確定的な基準を導き出す機会を与えることである」[46]。しかし、デーヴィスの提案もそうだが、この考え方もそうだ。法源は何かという問いへの回答として、裁判所は直接的に非委任法理を持ち出し、デーヴィスにならって、もし行政機関が理解可能な原理を作るならば、非委任法理の中核的な目的のいくつかは達成されるだろうと主張した。[47]

連邦最高裁は、上告審において、信じられないような態度を示した。[48] 真に非委任の問題があるとすれば、それは第一編第一節のもとで生じるものであり、連邦議会が理解可能な原理を提供できなかったため、省庁のアプローチは重要でないのである。「機関が、違憲の恣意的な権限委譲を、その権限の行使を拒否することで解決できるという考え方は内的に矛盾しているように我々には思われる」[49]。

連邦最高裁は、この言葉によって、レヴェンタール判事が始めた理論的発展を本質的に破壊してしまった。しかし、法の内在道徳に関する根底にある懸念は、他の領域でも作用し続けている。名称や法源を変えながらも、フラー（そしてデーヴィスも）の懸念は、行政国家の司法監督において重要な役割を果たし続けているのである。

4　曖昧さ：ある法律が人々が「うろつく」ことを犯罪とし、その用語が明確に定義されていないとしよう。[50] 刑事法は、人々に公正な告知を行うとともに、警察の裁量を規律するものでなければならない。曖昧さによる無効の原理は、「ルールがまったく達成されないため、あらゆる問題がその場しのぎで決定されなければならない」というフラーの強調を体現したものとみるのが容易であろう。さらに明確なのは、「ルールを理解しやすくすることの失敗」に対するフラーの懸念が反映されている点である。曖昧な法律は理解しがたいものである。この二つのタイプの失敗は、行政法の弧のなかで重要な役割を果たしてきた。

たしかに刑法に限っていえば、行政国家の統制は断続的にしか関与していない。ほとんどの行政機関は刑事法を執行しない。しかし、一九六〇年代の一連の重要な判例（そのほとんどは現在も有効な法律である）において、連邦裁判所は、曖昧さによる無効の原理を拡張し、デュー・プロセス条項を理解して、デーヴィスとフラーが示した方向に行政機関が動くことを要求し始めたのである。

Hornsby v. Allen 事件は、ジョージア州アトランタ市での酒類小売店の経営申請が却下された事件である[51]。失意の申請者は、免許制度にはルールがなく、当局がその場しのぎで決めており、要するにこの制度はまったく法ではないと主張した。控訴裁判所は、この制度はデュー・プロセス条項に違反していると判断した[52]。重要な判示は、「市議会議員によって、申請者が知的に免許を受ける資格を求めることができるような確認可能な基準が確立されていない場合、裁判所は現行の制度に基づく免許の拒否を差し止めなければならない」というものであった。裁判所は、この制度は「ルールを理解可能にすることに失敗している」ため、違法であると述べるに至ったのである。

この判示が爆発的な意味を持ち得たことは明らかであろう。この判示は、州政府であれ連邦政府であれ、行政機関が「確認可能な基準」に従って行動しない場合、デュー・プロセス条項に違反することを意味する、また意味しうるものであった。そして、もし連邦裁判所がそう判断すれば、フラーの原理を正当化することになっただろう。

Holmes v. New York City Housing Authority 判決では、控訴裁判所は、Hornsby 法廷がまったく異なる文脈において押し出した考えを受け入れ、まさにその方向へ進んだ(53)。そのときニューヨーク市住宅公団は九万件の申請を受け、うち約一万件を採択できた。原告は申請書を提出したが、何の回答も得られなかったと主張した。より根本的には、申請書が「確認可能な基準に従って、あるいはその他の適正で体系的な方法で」処理されておらず、デュー・プロセス条項に違反するとした(54)。

法の内在道徳を尊重する姿勢を反映し、控訴裁判所はこれに同意した。裁判所は、Hornsby 判決を引用し、「公営住宅のような広大な計画の管理を任されている政府機関に、絶対的で制御不能な裁量権が存在するようでは、濫用への誘引となることはいうまでもない」と明言している(55)。また、「デュー・プロセスは、応募者のなかから『確認可能な基準』に従って選考されることを要求する」(56)。

Holmes 判決と Hornsby 判決を一緒に読むと、デーヴィスを通じて伝えられた法の内在道徳についてのフラーの見解を受け入れつつ、フラーやデーヴィスがしなかったように、その見解をデュー・プロセス条項に根拠づけているように思われる。このような考え方は現在でも、「確認可能な基準」を見出すことができない多くの行政領域に対する全面的な攻撃の土台となりうる。だがおそらく驚くべきことに、こうした攻撃の結果はまちまちである。許認可、住宅、仮釈放、障害者、補助金などの領域では、Holmes 判決と Hornsby 判決が行政機関の裁量に制約を課し、一定の成果を上げたが(57)、水質、学位、農業に関わる他の事例では、デュー・プロセスへの異議は拒否されている(58)。

理由の一つは、やや専門的なものである。現代の学説では、妥当なデュー・プロセス要求の前提条件として、原告は保護された自由または財産的利益を有していなければならない[59]。確認可能な基準を欠き、ある種の法的権利を付与しない法令や規制は、デュー・プロセス条項に違反することはありえないと思われる。もし原告が保護された自由や財産上の利益を持っていなければ、同条項違反を主張することはできない。そして実際、いくつかの判決は、まさにそのような理由で Holmes と Hornsby の判示の一般化を否定している[60]。もし、現在の判例が広範に解釈されれば、多くの規制実践の領域に対して異議を唱えるために利用される可能性があることは疑いようがない。

ここで述べる目的は、こうした判示の適切な読み方や、それが正しいかどうかを判断することにあるのではない。重要なのは、Holmes と Hornsby、そしてそれらに続くこうした判決が、行政法の道徳について声明を出し、法的なフックとしてデュー・プロセス条項を持ち出そうと懸命になっていることである。

5　ルールと行政手続法：行政手続法は役に立つか。行政国家は「そもそもルールを作り、すべての問題がケースバイケースで決定されるようにすること」を怠ってはいけないとする。行政手続法は、行政機関が裁決ではなくルール作成を行うことを要求しているのだろうか？

初期の判例では、裁判所は少なくとも時にはそうであることを示唆していたようだ[61]。事件は全国労働関係委員会（ＮＬＲＢ）に関わる。委員会は長年、ルール作成ではなく、ケースバイケースの裁決を通じて、国の労働関係政策を決定してきた。フラーやデーヴィスがしばしば暗に持ち出され、まさにその点が強く批判された[62]。一九六〇年代から七〇年代にかけ、多くの省庁が政策決定の手段としてルール作成を選択するようになっていた。全国労働関係委員会は最も顕著な例外であった。

その反抗はNLRB v. Wyman-Gordon Co. 事件で頂点に達した。この事件は、全国労働関係委員会が裁決のなかで、ワイマン・ゴードン社に対して、従業員の組織化を求める組合に従業員の氏名と住所のリストを提供するよう命じたものである[63]。この命令は、全国労働関係委員会が裁決によって関連する法的ルールを確立したものの、不公正を避けるために将来に向かってのみ適用されるべきであると結論づけた、以前のExcelsior Underwear Inc. 事件に由来するものであった[64]。委員会はWyman-Gordon 事件でExcelsior Underwear 事件での命令を初めて適用した。

連邦最高裁は、全国労働関係委員会の命令を、フラーに通じるような手続き上の理由で無効とした[65]。少なくとも一つの別の意見によって支持されたこの判決の最も広い読み方は、ある種の決定、一般的な効果を持つ決定はルール作成を経なければならず、ケースバイケースの決定は違法である、というものであった。複数意見は、行政手続法のルール作成条項が、「委員会が回避しようとするものであるが、一般的な適用ルールの公正さと成熟した検討を保証するために設計された[66]」ことを強調し、複数意見がいうように、こうした条項は「裁決手続のなかでルールを作成するプロセスによって回避することはできない[67]」。Excelsior Underwear 判決では、当局はルールを作成したが、行政手続法の手続きを使わずにそれを行ったのであった。この点で連邦最高裁は、行政機関が十分に一般的な政策を作成するのであれば、ルール作成を用いなければならないという考えをちらつかせた。

この判決のより妥当で、より狭い範囲の読み方としては、Excelsior Underwear 判決の問題は、命令が将来にかけてのものであったことである。この見解によれば、行政機関はアドホックに手続きを進めることができ、裁決を通じて一般的な政策を立てることができるが、その命令は特定の当事者に適用されなければならない。そうでない場合は、ルール作成に取り組んだことになる。

五年後に出された Bell Aerospace 判決で、連邦最高裁は、より狭い読み方が正しいことを明らかにした[68]。その言葉によれば、「委員会は、裁決手続きにおいて新しい原理を発表することを妨げられない」し、「ルール作成と裁決の間の選択は、第一に委員会の裁量の範囲内にある[69]」。しかし、連邦最高裁は、委員会の決定が特定の状況に依存するという事実を指摘すると同時に、「審査会の裁決への依存が裁量の逸脱または法律の違反となる状況もありうる[70]」と警告している。この言葉は、行政機関の手続きの選択に対するフラー的なアプローチを促すものと受け取られかねない。省庁がケースバイケースで方針を定めるために裁決を利用する限り、その裁量を濫用することになる。

連邦最高裁は、この数十年間、この問題を再検討しておらず、Bell Aerospace 判決は一般に、政府機関にルール作成と裁決の間の大きな選択の余地を与えていると考えられている[71]。しかし、二つの重要な注意点がある。第一に「裁量の逸脱」という言葉は、下級裁判所が法の支配を考慮し、政府機関が一般的な政策を決定する場合、行政手続法のルール作成規定を使用しなければならないとしたいくつかの事例において重要であることが示されている[72]。このような事例において裁判所は、特定の事実をはるかに超えた種類の政策決定については、政府はルールを作成しそれに基づいて行動しなければならないとし、ケースバイケースで進めてはならないとしたのである[73]。

第二に、法の内在道徳に関する懸念は、Allentown Mack 事件における連邦最高裁の謎めいた判決において、まぎれもなく重要な役割を果たした（と我々は考える）[74]。連邦最高裁の主たる批判は、全国労働関係委員会が不当にアドホックに、自らの基準に拘束されず、実際、違反しながら行動しているというものだった。実際、委員会はルールを作ると称していても、作っていなかった。判決の背景には、委員会がルール作成プロセスをずっと使ってこなかったことがあるといってよい。

連邦最高裁は Allentown Mack 事件において、雇用主が労働組合の承認を撤回することを禁じた全国労働関係委員会判決での決定を覆した。この判決では、通常、大きな法律問題に焦点を当てる連邦最高裁には珍しく、委員会の事実認定を慎重に見直す意見が多く出された。しかし、法の支配に関するまぎれもない懸念は、委員会が明示した基準が、実際の適用基準とは異なることであった。明示された基準は、労働組合がもはや多数派の支持を得ていないという「誠実で理にかなった疑い」を雇用主が示さなければならないというものであった。連邦最高裁によれば実際の基準は、「誠実で理にかなった疑い」という考えを排除し、厳密な人数計算に近いものを採用したものであった。

要するに、連邦最高裁は、「公表されたルールと実際の運用との間に整合性がない」（フラーの言葉）とし、「公表された基準が実際には有効なものではない」（連邦最高裁の言葉）状況を批判した。連邦最高裁は、フラーも称賛しそうな一節で、「委員会は、原理的に公表している明確に理解された法的基準を実際に適用することが要求されなければならない」と述べた[75]。そして「主な行為のルールや基準と事実上異なる証明基準を適用することほど、その要求に対する乱暴な違反は考えられない。違反が一貫して繰り返されれば、ほとんど修正がきかない[76]」と付け加えた。

連邦最高裁は「乱暴な違反」と認定したうえで、暗黙のうちにフラーの三つの原理を指摘している。

第一は「ルール作成の失敗」である。当たり前のように違反されるルールは、少なくとも議論の余地はあるが、本当のルールとはいえない。二つ目は「透明性の欠如」である。三つ目は「発表されたルールと運用されているルールのミスマッチ」である。

Allentown Mack 判決は一見したところ、平凡な実体的証拠の事件のように見えるが、それよりもはるかに野心的なものだ。法の支配と、連邦最高裁が行政法の内在道徳とみなしたものについての事件なのである。

遡　及

行政国家に対する現代の多くの批判者と同様、フラーは「人々が現行のルールに頼ることができず、変更の脅威にさらされるという意味での遡及の濫用」を強く懸念していた。一九八八年、連邦最高裁は、連邦議会が明確に許可しない限り、行政の遡及を禁じるという新たな規範を示した[77]。この発表は二〇世紀後半に行われたが、連邦最高裁が、行政法の伝統として推定される道徳を代弁するものであった。

Bowen v. Georgetown University Hospital 事件は、複雑な背景を持ち、新しい公準のための肥沃な土壌を提供するものではなかった。法令に基づき、保健社会福祉省は、メディケアプログラムのもとで病院への払い戻しに使用される税金の限度額を定める権限を有する。一九八一年、保健社会福祉省はそのような制限を規定するルールを公布した。このルールは、すべてのルール案についてパブリックコメントの期間を設ける、通常の通知とコメントのプロセスを経なかったため、その理由で無効とされた。一九八四年、保健社会福祉省は手続き上妥当なルールを発表し、一九八一年のルールを再発行してその制限を中間年に遡及して適用し、特定の病院への費用償還を拒否することを決定した。病院側は、無効とされたルールの遡及適用に異議を唱えた。

一見したところ、この異議申立ては不可解である。元々のルールが一九八一年に出されたのだから、病院側が不意打ちを食らうはずはない。また、保健社会福祉省が行うことを禁じているような法的根拠もない。保健社会福祉省がその組織法に違反したとは誰も主張しなかった。恣意性についての異議申立ては、明らかに失敗に終わるだろう。このような状況から、払い戻しによる過度の支払いを確実にするために一九八一年のルールを再発行するという保健社会福祉省の決定に恣意性はまったくなかったのである。

連邦最高裁の意見は、行政法の道徳の一部を反映した背景原理と思われるものを発表した。「この原理を念頭に置き、連邦最高裁は、立法と規制は「その文言がこの結果を要求しない限り、遡及効を有すると解釈されることはない」と述べた[78]。そのため、法律によるルール作成権限の付与は「その権限が議会によって明示的に伝達されない限り、遡及的なルールを公布する権限を機関に与えるとは見なされない」とした。このケースでは、そのような明示的な許可がなかったため、当局の決定は違法となった。基本的な考え方は簡単で、議会がルールを遡及して適用することを明確に許可していない限り、政府機関にはその権限はない。

遡及禁止の原理は、裁判所が曖昧な法令の理にかなった解釈に従うことを求めるシェブロン法理と深刻な緊張関係にあり、現在もなお、この原理が適用されていることに留意されたい。一見したところ、シェブロン法理は遡及の問題に全面的に適用されているように見える。シェブロン法理は、合理的な制約のもとで、考慮事項のバランスが遡及適用を正当化するかどうかを決定するのは政府機関次第であることを示唆していると容易に受け取れるだろう。Bowen 判決は、シェブロン法理が適用される絶好の機会であるように思われる。しかし、連邦最高裁は、遡及禁止の規範がシェブロン法理に優先することを明確にした。行政法の道徳性と一致するように、Bowen 判決の中心的なポイントは、ルールを遡及的に適用する機関の権限を制限し、そのような適用には議会の明示的な承認を必要とすることである。そして、議会が政府機関にその権限を与えることを決定することはほとんどないため、Bowen 判決は、少なくともほとんどの場合、事実上、遡及を全面的に禁止しているのである。

連邦最高裁はその結論に全員一致で同意した。しかし、スカリア判事は、この結論を支持しながらも、まったく異なる議論を展開した[79]。彼の考えでは、行政手続法は遡及的なルール作成を明確に禁止しているため、新たな規範を作る必要はない。スカリアは、「ルール」とは「一般的または特定の適用可能性を有し、将来的に影響を及ぼす機関の声明の全部または一部[80]」であり、「将来的影響」という言葉をイタリックにして、「ルールは将来にのみ法的影響を及ぼす」という考えを強調した。彼は、判決から生じる命令とルールの違いを整理したうえで、「ルールとは将来にわたってのみ法的な帰結をもたらす記述であるという明白な意味はない」と主張した。そして、この読み方を支持するものとして、一九四七年の行政手続法に関する司法長官のマニュアルを挙げ、ルールは「将来にわたって運用される」と述べている[81]。

スカリア判事の意見は特徴的であり、彼は、司法が新たな規範を発明することに懐疑的であった。しかし、彼の行政手続法の解釈は必然的なものとはいいがたい[82]。その意味を理解するためには、多数意見に活気を与えているのと同じ法の支配の懸念が、行政手続法に吹き込まれたと推測する必要があるかもしれない。Bowen 事件で問題となったルールは、確かに「将来的効果」をもっていた。また、遡及的な効果もあった。行政手続法は、ルールを「将来的に排他的な効果をもつもの」と定義していない。ルールを、一般的または特定の適用性（かなり広い範囲！）と将来的な効果を持つ機関の声明と定義するだけで、たとえそうする優れた理由がある場合でも、機関がそのルールを遡及的に適用することを実質的に禁止するのは、きわめて奇妙な方法である。

この定義は、ルールを裁決から生じる命令と区別するための努力として理解するほうがより自然であり、文脈上の証拠とも整合的である。確かに、命令は、法の支配が事前に完全に明確でなかったとしても、一般的に当事者に適用されるという意味で、ほとんどの場合、遡及的な効力をもつ。しかし、命令は、私的な行為を支配する拘束力のある判例、さらには法の支配をもたらすという意味で、将来的な効力も有していることに留意すべきである。要するに、行政手続法の定義を読んでも、政府機関がそのルールを遡及的に適用する権限を欠いているという結論を正当化することは困難である。

Bowen 判決は、行政法の内在道徳に対応したものと理解するのがよい。多数意見はそのように書かれている。そして、その点では、きわめて的確であり、フラーが考えていたよりも大胆なアイデアの限定版である。行政機関は、自分たちのルールを遡及的に適用するために、明確な立法上の権限を必要とする。もし、連邦議会がそうする権限を与えたいのであれば、十分な明確性をもって発言すれば、それは確かに可能である。その限りにおいて、Bowen 判決が理解する行政法の内在道徳は、立法府に何ら制約を課さないものである。それは、特に行政国家のために設計されたものである。

予想通り、Bowen 判決は下級審に大きな混乱をもたらした。[83] 連邦議会が遡及を認可することはほとんどないため、政府機関は Bowen 判決の制約のなかで運営されねばならない。しかし、その制約とは何であろうか。想像しうるケースでは、答えは明らかである。労働安全衛生局は、二〇一五年に発行された安全ルールに、二〇一四年に違反した雇用者に罰則を課さない。内務省は、石油会社が違法行為とされる時に施行されていなかったルールに従わなかったとして制裁を課さない。しかし、多くのケースはもっと難しいのだ。

国務省が、ある外国人にビザを発行し、そのビザは無期限であると述べたとする。国務省が考えを変え、該当するビザ保有者は再申請し、ある新しい要件を満たさなければならないと述べたとしよう。これは違法だろうか。あるいは、運輸省が特定の人々にトラック運転手の免許を与え、危険物の輸送を許可し、その後、犯罪で有罪判決を受けた運転手からはその免許を取り上げるというルールを出したとする。これは Bowen 判決に違反するのだろうか。

裁判所は、このような問題に苦慮してきた。[84] 一つの定式化では、㈠すでに完了した取引に関して新たな義務を課し、人々が行動した際に保有する権利を損なうルール（Bowen 判決で禁止）と、㈡ルール発行前に開始された進行中の行為に適用され、先行法に基づく期待を裏切るルール（Bowen 判決が禁止していない）とは大きな相違点がある。[85] 別の定式化では、㈠「過去の行為に新たな制裁を加えるルール」は、明示的に許可されない限り無効であり、㈡「単に『期待を裏切る』ルールは、二次的に遡及し、恣意的かつ気まぐれな場合にのみ無効である」[86]という大きな違いがある。こうした定式化は、その正確な範囲がどうあれ、本質的にフラーの原理の一つを実現しようとしており、現在では行政法、ひいては行政法の道徳を決定づける部分になっている。

第三章　法の道徳性（二）――一貫性と信頼性

法の支配の中心的な目的は、人々に余裕を持たせ、政府が何をするかわからないで心配することのないような行動圏を作ることである。行政国家では、公職者が何をしでかすかわからないという絶対主義に陥りかねないと、多くの人が懸念してきた。法の内在道徳は、それに応えるものである。

フラーの見解では、法システムと称されるものは、「主体が自分の行動を方向付けることができないような頻繁なルールの変更を導入する」結果として、法システムとしての資格を失うことがある(1)。この点を念頭に置いて、行政法は、ルール作成と裁決の両方において、機関の意思決定の長期にわたる一貫性に長く関心を払ってきた。これには、規制環境のなかで長期的な投資やその他のプロジェクトを計画しなければならない経済主体が含まれるが、これに限定されない。一貫性には、信頼関係とは別の価値もあり、長期にわたる計画実行の一貫性が合理性を構成することは間違いないが、それでも実践的な問題として、正当な信頼を保護することは、一貫性を促進しようとする行政法の法理の中核的目的である。ここでは、この二つの考え方を一緒に扱うことにする。

「行政機関は自分自身のルールに従わなければならない」

　行政法のなかで最も古くからある原理の一つは、行政機関が自らのルールに従うことを求めるものである。アリゾナ・グロッサリー原理（ここではこの用語を採用する）と呼ばれることもあれば、アカルディ原理と呼ばれることもあるこの考え方は、機関の行為に大きな制約を課している。[2] それは、行政国家の裁量を制限する現代の基礎となっている。驚くべきことに、連邦最高裁はその法源を明らかにしたことがなく、また、それを主張することができるかどうかも明らかではない。アリゾナ・グロッサリー原理は、「公表されたルールと実際の運用との間の不一致」を禁じたフラーの第八原理で捉えられるように、行政法の内在道徳に関する考え方に根ざしているようだ。[3] アリゾナ・グロッサリー原理がフラーの原理を体現しようとする素直な取り組みだと見るのは容易である。

　この原理を理解するために、たとえば、食品医薬品局がある種の農家に対して、食品安全規制の対象外であることをルールで通知したが、その結果生じる健康被害を憂慮し、農家に対する措置を開始したとする。また、司法省が、雇用主が建物へのアクセスを促進するための特定の行動をとればアメリカ障害者法の遵守が認められるというルールを発表したが、特定の状況を調査した結果、その特定の行動をとったある雇用主が建物へのアクセスを促進するのに十分でなかったと判断し、強制措置を講じたとする。あるいは、ホワイトハウスの公職者を捜査している特別検察官は「重大な不適切行為」があった場合にのみ免職できると米国司法長官が述べたとする。しかし、ホワイトハウスからの命令により、司法長官が重大な不適切行為が確認できないにもかかわらず、免職する理由があると考え、特別検察官を免職したとする。(4)

これらすべてのケースにおいて、アリゾナ・グロッサリー原理は、公職者はそのルールに拘束されるため、裁判では負けるということを意味している。ウォーターゲート事件時代の著名な判決では、司法省のルールが特別検察官アーチボルド・コックスに独立性を与えており、そのルールが変更されない限り拘束力を持つため、ロバート・ボーク訟務長官はコックスを合法的に解雇できないと、下級裁判所がこの原理を用いて判決を下した。(5)

アリゾナ・グロッサリー判決では、州際通商委員会が一九二一年に「レート処方命令」によって、カリフォルニアからアリゾナへの砂糖輸送の最大許容レートを決定した。一〇〇ポンドあたり九六・五セントである。(6) 一九二五年の裁決では一〇〇ポンドあたり七三セントに引き下げられ、七三セントと過去数年間の実際の料金との差額を反映した賠償が荷主に課された。連邦最高裁はフラーに酷似した判決を下し、後者の判決を破棄した。同裁判所は、料金規定命令が帳簿上にある限り、「その後の手続きにおいて、準司法的な立場で行動する機関は、準立法的な立場で公布された自らの宣言を無視し、自らが規定した料金の適性についての自らの制定を遡及的に廃止することはできない」(7)とした。

この「準」による曖昧さのために、アリゾナ・グロッサリー判決はアリゾナ・グロッサリー原理をきれいに反映したとはいいがたい。アカルディ事件はもっと単純だった。(8) この事件は、不法に米国に入国したイタリア人のジョセフ・アカルディを強制送還しようとするものだった。(9) アカルディ自身は強制送還の可能性を否定せず、米国司法長官に法的裁量権の行使による追放の停止を要請した。アカルディは、自分が強制送還されることを否定しなかったが、司法長官は、記者会見で「不愉快な人物」のリストの人々を強制送還すると発表した[10]。アカルディの名前はそのリストにあり、そのリストは移民控訴委員会（ＢＩＡ）に配布され、移民控訴委員会はすみやかに強制送還停止の拒否を支持した。

連邦最高裁は、司法長官が自らのルールに違反したため、違法な行為に及んだと判断した。これらのルールは、強制退去の一時停止の請願を処理するために使用される手順を具体的に説明していた。このルールは、移民控訴委員会に「法律により司法長官に与えられた裁量と権力を行使する」よう指示しており、移民控訴委員会は自らの「理解と良心」を用いることを要求され、ひいては司法長官が委員会を横取りしたりその決定を指示することはできないことを意味していた。

このルールにより、委員会は独立した組織となり、司法長官はその命令に従わなければならなくなった。したがって、委員会に対して、リストに載っている人々を強制送還するよう求めた彼の明白な命令は、違法であった。一九五〇年代の一連の裁判でも、裁判所は同じ基本的な根拠を用い、一般に、機関がルールで定めた手続き上の要件に従うよう要求した[11]。基本的な考え方は単純であった（そして今もそうである）。ルールが作成されていれば、改正されない限り、そして改正されるまでは、機関はそのルールに従わなければならない。

アリゾナ・グロッサリー判決もアカルディ判決もフラーを埋め込んでおり、行政法の道徳を反映させたと捉えることができるものの、問題は、どちらの判決もその基本的な考え方を明確に正当化していないことだ。どのような法源に関わるのだろうか。これは、一九七九年に連邦最高裁が United States v. Caceres 事件でまさにこの問題を調査したときに、きわめて重要な意味を持つようになった[12]。

この事件は、内国歳入庁が特定の納税者との面会を電子的に監視したことに関連している。この監視は、司法省のルールに明らかに違反しており、司法省はこのような監視を事前に承認する必要があった。司法省が承認していなかったため、監視対象者（カセレス）は、アリゾナ・グロッサリー原理により、録音テープと関連証言は除外されなければならないと主張した。連邦最高裁は、法律のいかなる規定も除外を要求していないという理由で、これに反対した[13]。デュー・プロセス条項は関係せず、カセレスは「そのルールに依存していたとか、その違反が彼の行為に何らかの影響を与えたと合理的に主張することはできない[14]」。これが「被告人が排除ルールによって省庁ルールの司法執行を求める刑事訴追[15]」であるため、行政手続法（APA）も関わらなかった。重要な一節において、連邦最高裁は明らかに、行政法の長年の原理を放棄しない理由を説明するのに苦労した。

> 行政手続法は、恣意的、気まぐれ、裁量権の濫用、または法律に従っていない行政行為の司法審査と無効、および「法律で要求される手続きの遵守なしに」行われる措置を認めている。政府機関が自らの規制に違反した場合は、それが憲法に違反しているかどうかにかかわらず、行政手続法が裁判所に強制するよう指示している政府機関の行動基準と矛盾する可能性がある。実際、規制に拘束される機関を保持する我々の最も重要な決定のいくつかは、当初、行政手続法に基づいて提起された事例にある[16]。

反対意見を述べたマーシャル判事は、アリゾナ・グロッサリー判決はデュー・プロセス条項に根ざしていると主張した。[17] 彼の言葉を借りれば、連邦最高裁の判例は「デュー・プロセスの概念の中心である、民間人に劣らず政府公職者も法の支配に拘束されるという判断を反映しているのである。個人の利益が関係する場合、デュー・プロセス条項は、行政機関がその行動を判断するために公言する基準を遵守することを要求する」[18]。連邦最高裁はこの結論を否定したため、二つの重大な疑問が残された。アリゾナ・グロッサリー原理は脆弱だったのか。行政手続法に根ざしているのか。もしそうなら、具体的にどのように根ざしているのか。

Caceres 事件から数十年経った今でも、この原理はそのまま残っている。連邦最高裁は、この原理を再検討することに関心を示していない。確かに、この原理の正確な適用範囲については、依然として論争が続いている。下級審では、普遍的ではないが、この原理は法の力を持つ立法ルールにのみ適用され、当局は解釈ルールや一般的な政策指針に従う必要はないという合意がある。[19] また、アリゾナ・グロッサリー原理とその原理に基づく主張が存在するだけで、他に根拠がない場合に司法審査の根拠となるのか、いつそうなるのかという疑問も存在する。この種の問題に対する継続的な議論にもかかわらず、基本原理は確実である。

アリゾナ・グロッサリー判決は、法システムが法として数えられるためには、「公表されたルールと実際の行政との間の一致」を示さなければならないというフラーの主張をはっきりと反映している。この一致は、行政法の内在道徳の核心にあるように思われる。この主張は、標準的な法源を参照してアリゾナ・グロッサリー原理を正当化することが明らかに困難であることによって、はっきりと浮き彫りにされている。トーマス・メリルは、フラーには言及せずに（しかしフラーの言語で）「最も正直な答えは、それは制定法のどの条項にも遡ることができない法システムの共有された公準の一つにすぎないということである」[20]と率直に述べている。この見解では、アリゾナ・グロッサリー原理は「小文字の『c』の意味での憲法原理」として機能している一連の「法制度の運用に不可欠な基本的前提」の一つである。[21]おそらくそうだろう。しかし問題が残る。アリゾナ・グロッサリー原理にはどのような法規定が必要なのだろうか。

ルールからの逸脱がデュー・プロセス条項に違反する可能性があるケースを想像することができる。自由や財産的利益が危機に瀕している場合、人々が合理的なルールを信頼し、政府がその場しのぎでルールを放棄した場合、デュー・プロセスへの異議申立ては有効であるかもしれない。また、このような逸脱が恣意的または気まぐれであるケースも想像できる。しかし、そのような逸脱がデュー・プロセス上の問題を生じさせず、完全に合理的であるケースも容易に想像できる。定義上、既存のルールからの逸脱は恣意的と見なされるという考えを守るのは難しいだろう。たとえば、あるルールが適用された場合、そのルールは利益よりも害が大きく、たとえルールに除外規定があっても、(たとえば)食品安全を保護する法令を適用することはよい考えであると、ある行政機関が判断したことがある。また、行政手続法は、法的に要求された手続きと矛盾する機関の行動を裁判所が取り消すことを認めていることも事実である。しかし、ルールからの逸脱はそれにあたるのだろうか。そうだとすると、疑問が残る。

実定法に根拠が必要な場合、最良の議論は次のような形となるであろう。行政手続法は、立法ルールを「一般的または特定の適用可能性と将来の効果を持つもの」と定義している。[22]このようなルールは、法の力も持つ。もし、立法ルールが法の力と「将来の効果」の両方を持つのであれば、機関はそれに従わなければならないのは当然である。立法ルールは、改正または廃止されるまで政府機関を拘束するという性質を持っている。

この議論はもっともらしく聞こえるかもしれないが、明確な説得力はない。ルールが「将来的な効果」を持つことは、たとえ当局が恣意的でない場合に、自由にルールから逸脱することができるとしても、可能である。メリル教授が、アリゾナ・グロッサリー判決は「法システムの運用に不可欠な基礎的前提」の一つであると主張するのは正しい(23)。我々が付け加えたいのは、基礎的前提は、実定法の明確な源に根ざしていないものの、ランダムとは程遠いものであるということだ。それは、行政法の内在道徳を理解することである。

アウアー敬譲

ここで、法の内在道徳を確証する意外な場所に目を向けてみよう。アウアー法理は、政府機関独自の規制の解釈に対する敬譲である。アウアー法理は、多くの反対と論争の場であり、懐疑論者は、アウアー法理に先行し、それを生み出した判決の根本的な理論的根拠に異議を唱えてきた(24)。一部の判事や解説者は、しばしば亡命憲法に言及しながら、アウアー法理を完全に廃止することを求めてきた(25)。彼らの見解では、機関が自らのルールを解釈できるという考えは、権威主義へのレシピである。

この問題については第五章で詳しく触れることにする。とりあえず、二〇一八年一〇月開廷期以前は、Kisor v. Wilkie 事件で求められたように、連邦最高裁がアウアー敬譲を覆すかもしれないという期待が高かったことに留意されたい。しかし、「新しいコーク」と司法敬譲に対する最も過激な批判を顕著に否定する形で、連邦最高裁はそれを拒否した。ケーガン判事は、これらの点について五人の判事を代表して意見を執筆し、アウアー敬譲はその境界のなかで確実にアメリカ法の一部であると述べるとともに、フラーのアプローチや今回の一般的な枠組みに完全に適合するような一連の制限と手続上の条件を提示した。この点については後ほど詳しく述べるが、当面は、ケーガン判事が「熟慮、一貫性、信頼利益の尊重」という手続上の条件として述べたものに焦点を当てる。これらの条件は、きわめてフラー的である。

裁判所は、「過去の機関の行動を攻撃から守る」ために、単に「都合のよい訴訟上の立場」や「その場しのぎの合理化」に従うことを拒否すべきである。そして裁判所は、規制対象者に「不当な驚き」を与えるような新しい解釈には、訴訟で導入されたかどうかにかかわらず、従うことはできない。……期待の崩壊が生じうるのは、機関があるルールについての見解を別のものに置き代えるときだ。したがって、「先行する」解釈と対立する機関の解釈にアウアー敬譲を与えることは、ごく稀である。あるいは、このような明示的な解釈の変更なしに、信頼が根底から覆されることもある。たとえば、当裁判所は最近、長年にわたる行為に対して当事者に遡及的な責任を課すという解釈を拒否したが、この解釈は、当局がこれまで一度も扱ったことがなかったものである。[26]

この手続主義的アプローチは革新的とはいいがたく、実際、ケーガン判事は、自分が判例法にすでに存在する制限を再掲し、拡大したに過ぎないと苦しげに述べている[27]。Kisor v. Wilkie 事件の直接の前身は Perez v. Mortgage Bankers 事件で、そこでは、長官とケネディ判事を含む六人の判事がアウアー法理に対する一連の制約を示し、特に一貫性を強調していた[28]。Kisor と Mortgage Bankers 事件において、連邦最高裁は、長期にわたる一貫性のない解釈がアウアー法理の設定において特に問題となる理由を説明しなかった[29]（関連するシェブロン敬譲の設定における公式見解は、長期にわたる機関の解釈の一貫性は問題ではなく、実際にシェブロン敬譲の根拠と完全に適合するというものである[30]）。一般的には、三つの理由が考えられる。恣意性、曖昧さ、信頼性である。

第一に、絶えず変化する解釈は、一種の故意の恣意性を示唆し、その結果、機関の決定が、政策に関する持続的な見解ではなく、状況の変化や政治的日和見主義によって行われている可能性を高める。この懸念は、アウアー法理の設定では、通知とコメントのプロセスを経ることなく、時間をかけて解釈を調整するコストが比較的低いことから、より強くなる。

第二に、急速に変化するルールは、ある意味、本質的に曖昧なルールと同じように不明瞭である。どんなに具体的なルールであっても、それが刻々と変化するのであれば、規制される主体が自らの権利と義務を知るためのコストは、不変のルールが絶望的に不透明であるのと同じように、法外なものになってしまうのである。ここで、フラーが懸念していた「ルールに頻繁な変更を加えることで、対象者がそれによって自分の行動を方向づけることができなくなる」ということを思い出してほしい。

第三に、経済計画やその他の信頼利益が関与している場合、規制の移り変わりは深刻な問題である。

それは、法律が、規制対象の企業やその他の当事者に変化を予測する負担を負わせるべきかどうかという問題を提起する。そして実際、連邦最高裁は、当局の解釈が信頼利益を打ち消し、民間部門に大きなコストを課す場合、アウアー敬譲は適用できない、と明確に判示している。「このような状況で当局の解釈に敬譲することは、当局が規制対象者に『(規制が)禁止または要求する行為について公正な警告』を与えるべきであるという原理を著しく損なうものである。実際、それはまさに、我々の判例が長い間警告してきた『不当な驚き』をもたらすことになる[31]」。法の道徳に関するフラーの主張が、ここでも発揮されていることは明らかである[32]。

このような問題については、法律学や経済学でかなりの文献がある[33]。当面の目的のために注意する必要があるのは、信頼利益の失望には遡及性のにおいがあることと、特定の条件下では、行政機関が最適でないルールに一貫して固執する場合よりも、行政の無分別や矛盾のほうがいっそう悪いことになるという平凡なことである。

もしアウアー敬譲が機関の解釈に適用されないのであれば、何が適用されるのか。予備的な立場としては、権威的な敬譲ではなく「説得的な」敬譲とされるスキドモア(Skidmore)敬譲がある[34]。スキドモア敬譲のもとでは、裁判所は「(機関の)検討に見られる徹底性、その推論の妥当性、以前と以後の宣言との一貫性、および支配する力はないとしても説得する力を与えるすべての要素」を検討する[35]。一貫性という重要な次元において、アウアー敬譲とスキドモア敬譲の間の選択は法理上、無関係であり、どちらのアプローチにおいても一貫性の欠如は行政機関にとって不利となる。この点で、両者の選択は、現在の連邦最高裁の大多数が、アウアー敬譲を覆すことは望まないが、一貫性や信頼利益の保護を優先するなどのフラー的制約でヘッジすることを望んでいることを明らかにした Kisor 判決以降は、利害関係の薄い問題であるといえる。

Mortgage Bankers 判決を生み出した訴訟において、下級審（DC巡回控訴裁）は、Paralyzed Veterans 事件で確立された独自の長年の法理を適用し、当局が自らのルールの「決定的な」解釈を発表した後は、新しい解釈は通知とコメントのプロセスを経なければならないとした[36]。連邦最高裁は、「解釈ルール」（明らかに新規または修正されたものを含む）は通知・コメント手続きの対象外であるとする行政手続法の明文と矛盾しているとして、この革新を即座に棄却した。しかし、連邦最高裁は、DC巡回控訴裁のアプローチは、主に信頼性という現実的な懸念に対応するものであることも明確にした。ただ、DC巡回控訴裁は、そのような懸念を明確にするために、許されない法理上の手段を選択したというだけである。

正しい手段とは何だったのか。Mortgage Bankers 判決で連邦最高裁は、アウアー敬譲の水準を下げる理由として長期にわたる矛盾を挙げ、他に二つの考慮事項を挙げている。第一に、連邦議会は、時とともに解釈を変更する機関の権威を法令によって形成し、制限することができる。本書の第四章では、行政法の内在道徳が、必ず裁判所がその内在道徳が必要とするものについて自らの見解を機関に強制することを意味するのか、それとも代わりに法的道徳が必要とするものの評価を連邦議会と機関に委ねるべきかを問うので、この種の問題に戻ることになる。

第二に、連邦最高裁は、恣意的および気まぐれな審査自体が、長期にわたって一貫性のない機関の行動をチェックするために利用可能であると指摘した。FCC v. Fox 事件では、スカリア判事が連邦最高裁の判決を書き、行政機関は新しい政策について、それが当該機関の古い政策よりも優れていることを示す根拠を示さなければならないという主張を否定した。[37] 行政機関は、新しい政策が法令の下で許され、それ自体が妥当な理由によって裏付けられていることを示せばよい。しかしながら重要なことに、スカリア判事は、行政機関は「暗黙のうちに（sub silentio）過去の政策から逸脱したり、まだ有効なルールを単に無視したり」してはならないと警告し、より高度な正当化が必要となるいくつかのケースを詳述している。行政機関の「新しい政策は、その前の政策の基礎となったものと矛盾する事実の発見に基づく」場合、「前の政策は、考慮されなければならない重大な信頼利益を生んでいる」場合である。[38] 暗黙のうちの離脱を否定することは、合理的な期待の保護と同様に、Allentown Mack 判決やフラー的な透明性の主張と結びつくかもしれない。

ケネディ判事の同意とブライヤー判事の反対意見もまた、信頼利益を強調していた。[39] 信頼利益の重要性は、Fox 判決のなかでは間違いなく傍論であったが、すぐに支持されるようになった。その後の意見書では、Encino Motorcars LLC v. Navarro 事件において、ケネディ判事が連邦最高裁の判決を書き、行政機関が前のルールから逸脱したことを十分に説明しなかったとして行政機関の訴えを覆した。[40] 二人の判事は反対したが、別の理由であった。

このように、裁決とルール作成の両方において、「重大な信頼性」が問題となる場合、恣意性審査は機関に高度の正当化責任を課すべきであるという命題について、連邦最高裁では幅広いコンセンサスが得られているようである。Fox 判決はたまたま政府機関の裁決に関与していたが、裁判所の推論はその文脈に限定されたものではない。[41] Fox 判決で引用されたもう一つのスカリア判事の意見である

Smiley v. Citibank 判決は、傍論ではあるが、ルール作成の文脈で同じ原理を援用した。[42] Encino 判決では、信頼の問題はルール作成を含み、傍論ではなく判示事項であった。したがって、当局がどのような政策決定形態を選択しようとも、当局は恣意性審査を生き残るために重大な信頼利益を考慮しなければならないということが、確立された法理であると考えるのが適切である。

しかし、興味深いことに、どの判例においても、この原理に対する完全な法的根拠は明言されていない。我々は、反実仮想として、しかし遠くない将来に、信頼利益が機関に高度の正当性を要求しないような法制度を想像することができる。このアプローチの雛形となるのは、Fox 判決の最初の部分で、スカリア判事が連邦最高裁の代表として、政策の変更は一般的に、白紙で採用される新しい政策よりも多くの正当化理由を要求すると否定している。[43] このアプローチでは、行政機関が新しい政策に対して本質的に適切な正当化理由を提供する限り、信頼利益は重要でなく、規制対象者は規制変更を予測し、調整する完全な責任を負うことになる。実際、規制対象者がそのようなコストを負担するのに最適な立場にある限り、このような体制が好まれるかもしれない。

我々は、そのような体制が、恣意性審査の下で信頼利益が実際に問題となる現行法に具現化された体制よりも優れているというつもりはない。それどころか、我々は現行法が望ましいと思う。しかし、「恣意的かつ気まぐれな」という言葉をいくら繰り返しても、このような反実仮想の体制を排除することはできない。行政手続法や合衆国憲法といった現存する実定的な法文は、この問題をいずれにせよ明確に解決していないないし、裁判官もこの点に関して自分たちの直観を綴ることは驚くほど少なかった。裁判官は、行政法の内在道徳に関するフラー的直観、特に「ルールの頻繁な変更により、人々がそれに従って行動を方向づけることができない」という懸念に依拠していると理解するのが妥当であろう。この直観が正しいか正しくないかは別として、このように法理を理解することで、少なくともそれに最善の光を当てることができる。

シェブロン敬譲

これまで、現在の学説では、裁判所は、アウアー敬譲の程度を調整する際にも、恣意性審査の要求調整する際にも、一貫性と信頼性を考慮することがわかっている。シェブロン敬譲に関しては、いくつかの判決が示唆するほどではないかもしれないが、その様子は異なる。ここでは、フラー的アプローチは現在の法理と緊張関係にあるが、古いアプローチを支持し、実際の実践を説明するものとも考えられる。

具体的には、バラク・オバマ大統領のもとで、環境保護庁が曖昧な法令を、ジョージ・W・ブッシュ大統領時代とは異なる方法で解釈したとする。おそらく、気候変動に配慮し、温室効果ガスに対して強い姿勢で臨んだのだろう。次に、ドナルド・トランプ大統領のもとで、環境保護庁が曖昧な法令をオバマ大統領のもととは異なる方法で解釈したとする。おそらく、環境保護庁は温室効果ガスに対して強い態度で臨むことを望まず、アメリカ経済への規制負担を軽減することを重視しているのだろう。

こうした例は仮定の話ではない。重要な解釈は、ブッシュ政権からオバマ政権に移り、そしてトランプ政権下で再び移り変わった。それらの移り変わりのいくつか、そして最も公にされたものは、政治的なコミットメントをともなうものだった。そのなかには、専門知識や事実の新たな理解をともなうものもあり、それらは技術的なものであった。ある法律の解釈が、ある政権から別の政権へ、あるいはある年から別の年へと移り変わった場合、問題はあるのだろうか。

法の問題に関して行政機関に敬譲することは、一九八四年に始まったわけではなく、それどころか、シェブロンよりずっと以前から行われていたのである。その前身は二〇世紀初頭まで遡ることができる（一六二八年の議会での演説で、コーク卿が「疑わしいとき、解釈はつねに王のためにある」と不満を爆発させたことも考慮されたい[44]）。一九四〇年代、行政手続法の作成直前には、連邦最高裁は著名な場面で行政機関の解釈を尊重した[45]。ここで重要なのは、第二次世界大戦後、法律の問題に関して行政機関への敬譲を強調する一連の判例では、敬譲の理由として行政機関の一貫性に言及されることがあったが、その見解自体が矛盾していたということである[46]。この一貫性への選好は通常、あまり理論的根拠がないままであった。最も明確な根拠は、新しい法令が作成された直後に機関がある解釈を採用し、その解釈を長期にわたって一貫して守っていれば、作成した立法府の意図を汲んでいる可能性が高いという意図主義または原意主義の考えであった[47]。

しかし、一九八四年にシェブロン判決がなされた後、一貫した行政機関解釈を選好することの法理上の地位は不明確であった。シェブロンの主要な根拠である専門性と政治的答責性は、明らかに一貫性に価値を見いだせず、関連性さえない。実際、シェブロン判決自体が、カーター政権からレーガン政権への「法源」の解釈の突然の変更という形で、矛盾を引き起こしている。その移り変わりを支持した連邦最高裁は、矛盾が重要であるとはまったく考えていないようである[48]。機関の専門性を重視する場合、専門的なコンセンサスが持続するのであれば、一貫性を選好することは理にかなっていると思われるかもしれない。しかし、この選好は、新しい知識や状況の変化に直面して、専門家が機関の立場を更新することを困難にする場合、無意味であることが判明するかもしれない。政治的答責性は、一貫性を選好することが悪い考えであることを示唆している。政治的答責性の要点は、大統領政権の交代にともなう新しい政策の方向性を認めることである。恣意性審査に関する判例では、政治的答責性は、一般に、行政機関が時とともに方針を転換することを認める理由として挙げられている[49]。

シェブロン判決以降、一貫性の選好は明確に放棄されている[50]。名目上、現在の法律は、シェブロン敬譲の目的上、機関の一貫性は重要でない、というものである。一九九六年、Smiley v. Citibank 事件において、スカリア判事は、「シェブロン法理の要点は、法令の曖昧さによって与えられる裁量を実施機関に委ねることである[51]」と述べ、矛盾があっても、もともと存在するシェブロン敬譲の権限を取り除くものではないとした。二〇〇五年、National Cable & Telecommunications Assn. v. Brand X Internet Services 事件におけるトーマス判事の意見はこの点を確認、増幅した。連邦最高裁は、シェブロン法理自体が最近の省庁の方針変更に配慮したものであることを踏まえ、「省庁の矛盾は、シェブロン法理の枠組みの下で省庁の解釈を分析することを拒否する根拠にはならない」と明言した。説明のつかない矛盾は、せいぜい、行政手続法のもとで、解釈を機関の実践からの恣意的で気まぐれな変更であるとする理由である[52]。

理論的なレベルでは、現在の立場はきわめて道理にかなったものである。しかし、重要な考慮事項として、実際の司法の行動がある。[53] Brand X 判決で明示されたルールを否定する判例はその後、出ていないが、連邦裁判所の意見では、シェブロン要素としての一貫性に言及し、敬譲を支持するものもある――そして、これらの意見のなかには、連邦最高裁から出されたものもある。[54] クリス・ウォーカー教授とケント・バーネット教授による、きわめて多くの事例を対象とした研究により、裁判官は実際には一貫性のある省庁の解釈により敬譲する傾向があることが示されている。

シェブロン法理が適用されると、その関係の性質は不明確であるが、解釈の継続期間が問題となるようである。長期にわたる解釈が八七・六％の割合で優勢であり、新しい解釈や期間が不明確な解釈よりもそれぞれ約一三％、一四％ポイント多く、進化した解釈よりも二二％ポイント多くなっている。シェブロン法理に反するように見えるが、敬譲プロセス[55]において解釈の持続性を考慮することは、裁判所が敬譲をスライド式に考えていることと一致する。

ここで興味深いのは、紙に書かれた法律と作動している法律との間にある齟齬である。抽象的には、多くの説明が可能である。ウォーカーとバーネットが使用したデータセットは二〇〇三年から二〇一三年までで、Smiley v. Citibank 事件の後、Brand X 判決にまたがっている。[56] おそらくこの期間の一部で後者のルールが定着しなかったのだろう。もう一つの可能性は、Brand X 判決がシェブロン法理のもと一貫性の役割を否定する以前の時代に教育・訓練された裁判官が、名目上のルールにもかかわらず、一貫性を実際の要素として適用しているということである。しかし、我々は別の説明を提案する。Brand X 判決のアプローチは、法の本質的な道徳の構成要素としての時間的な一貫性についてのフラー的な直観と単に対立しているのかもしれない。この直観は、名目的なルールがそうでない場合でも、裁判官を引っ張っている。

二つのパズル

ここで、デュー・プロセスと行政法の道徳をめぐる二つのパズルに目を向けることにする。これらはいずれも、行政法のルールが、曖昧な形で「デュー・プロセス」に帰属させられ、その方法は、雑で法的には怪しく、あるいは説得力がないが、広くアピールされるケースである。このような場合、裁判官は行政法の内在道徳について広く共有された不明瞭な直観を持ち、そのような直観のための一種の速記またはプレースホルダーとして「デュー・プロセス」を暗唱していることを示唆する。このような場合、フラーの具体的な原理はまったく関係ない。しかし、法の支配に関する広範なフラー的思考、そして法システムをそのようなものとして評価するものは、まぎれもない役割を担っている。

1　形式的裁決と電話裁判官：電話裁判官とは、ソ連時代の用語で、ソ連の裁判官の机には、通常業務用の黒電話と共産党からの特別電話用の赤電話の二台が置かれていたといわれている。フラーの八原理でいえば、電話裁判は「ルールがまったく達成されず、あらゆる問題がその場しのぎで決定される」[57]ことを例証する恐れがある。法的にいえば、この問題は、第三者による裁判官への一方的な接触と、大統領のいわゆる「指示権」という二つの異なるが関連した問題を提起する。この二つの問題は必ずしも重なるわけではないが、電話裁判官はその交差点である。

大統領に指示権がない合衆国憲法第三編の裁判所では、電話による司法は確かに許されない。司法の独立の中核をなすのは、法廷での正式な裁決において、行政の指示から自由になることである。もっと難しい問題は、正式な行政裁決、特に行政府の中核となる機関において、電話による裁決が許されないかどうかということである。行政による指示に関して、司法と行政の裁決を無批判に同列に扱うことは、誘惑的ではあるが、間違いである。

なぜなら、すべての行政裁決は、憲法学の立場からは、司法権ではなく、行政権の行使であるからである。むしろ、行政裁決は、行政の中核的な仕事である、事実に対する法令の（予備的）適用と見なすことができる。実際、行政官が、第三編によって裁判所に与えられた司法権を行使した場合、そのような行使は違憲となる。したがって、連邦最高裁は、City of Arlington v. FCC 事件において、次のように指摘した。

> 行政機関は、ルール（「一定の条件下で、公有地X、Y、Zで私有牛の放牧を許可する」）を作り、裁決（「この牧場主の放牧許可は条件違反のため取り消す」）を行い、共和国の始まりからずっとそうしてきた。これらの活動は、「立法」と「司法」の形をとっているが、「行政権」の行使であり、実際、この憲法構造の下では、「行政権」の行使に違いないのである。[58]

この観点から、少なくとも独立した機関ではなく、行政府の機関において、大統領が行政裁決者を指示することができないことは、ほとんど明らかではない。この区別は、ルール作成と裁決の区別を越えており、大統領は独立機関によるルール作成を指示することもできない。大統領は、第二編の行政権の付与により、正式な行政裁決にも自由に介入し、行政機関による行政権の行使を指示することができるという、現実にはない法システムを容易に想像することができる。

しかし、実際には、これは我々の世界ではない。合衆国報告書において行政権の最高潮とされたMyers v. United States事件でさえ、連邦最高裁は、大統領の指示権を行政府内の正式な裁決に限定することに慎重だった。[59] タフト連邦最高裁長官は、「行政官や行政裁判のメンバーに課せられる準司法的な職務で、審理後の決定が個人の利益に影響を与えるものがあり、その遂行は特定の場合において大統領が適切に影響や管理を行うことができない[60]」とした。

現代の判例も一貫してこれにならっている。Sierra Club v. Costle事件において、DC巡回控訴裁は、非公式な（通知とコメントによる）ルール作成に介入する大統領権限の拡大解釈を採用したが、「大統領またはそのスタッフと他の行政機関の役員またはルール作成者との会話の記録は、デュー・プロセスを確保するために必要となる場合がある」と傍論で述べている。「これは、たとえば、そのような会話が裁決や準裁決手続きの結果に直接関係する場合に当てはまる。このような場面で個人の権利を管理する固有の行政権は存在しない[61]」。Costle判決では個別意見だったが、Portland Audubon v. Endangered Species Committee事件では判示となった。[62] Portland Audubon判決では、第九巡回区控訴裁は、大統領による正式な行政裁決への介入は、行政手続法の第五五七条(a)と(d)に基づく一方的接触とみなされ、大統領の指示権の行使として一方的ルールから憲法上免除されないと判示した(63)。

Myers、Costle、Portland Audubon の三つの事件の際立った特徴は、その法的根拠が不明確であるか、せいぜいきわめて争点が多いということである。Costle と Portland Audubon 判決はデュー・プロセスに言及しているが、最も曖昧な表現にとどまっている。Myers 判決は法的根拠をまったく示していない。Portland Audubon 判決は、「庁外の利害関係者」からの一方的な接触を禁止する第五五七条(d)の条文に大きく依存したが、これは疑問を投げかけるもので、大統領の全体としての主張は、法的な意味で「庁外」ではないとしていた(64)。裁判所は裁決において行使される機関の裁量を大統領が指示できることを否定し、この主張を退けた(65)。その否定は、裁判所が証明しようとしていた結論を前提としていた。最終的に Portland Audubon 判決は、「一方的接触(ex parte contact)は、行政裁判所が正式な裁決を通じて公平な決定を下すという概念そのものに反する(66)」という、循環的ではあるが衝撃的な主張に依拠した。

これらの提案された根拠のうち、「デュー・プロセス」は法律家が共通して反射的に思いつくものであるが、少し考えてみれば、ここで問題になりうるのはせいぜいデュー・プロセスの薄っぺらいものだけであることがわかる。行政手続法第五五七条(d)の文言と同様に、デュー・プロセスについても同様である。重要な問題は、裁決者の中立性が損なわれているかどうかではなく、裁決者が一体誰であると理解されるべきかである。もちろん、行政側の立場としては、機関の裁決者は最終的には大統領の部下として大統領自身の法律執行権を行使しているのであり、大統領が審判の決定に介入すると見るのはカテゴリー的な誤りである。このような場合、大統領は自らの機関に委ねられた裁量を監督しているに過ぎない。

我々がいいたいのは、行政の立場が正しいとか、Myers 判決、Costle 判決、Portland Audubon 判決が、正式な裁決への行政の介入を制約するのは間違っているということではない。要点は、このアプローチの主張可能な法的基礎が不明確であり、デュー・プロセスの背景原理に対する曖昧な身ぶりは法的主張にならない、ということである。最善の説明は、裁判官が、裁決のパラダイムケースやその自然道徳に関する直観を記録し、それを行政の仕組みに適用しているということである。

これは、ある意味できわめてフラー的な企てであり、ある意味でまったくフラー的でない企てである。フラーは、「形式と限界」の説明を導き出した。フラーは、多くの行政機関に委ねられている主要な仕事の一つである、希少な経済資源の配分（免許のような、政府が創造した資源を含む）には、裁決は本質的に不向きであり、それは不可逆的な政治判断の行使であると考えた。[67] その意味で、フラーは裁決の限界を痛感していたのである。

2　ルール作成のデュー・プロセス：従来の行政法の法理では、「ルール作成のデュー・プロセス」は誤用であり、撞着語法ですらある。行政法におけるデュー・プロセスの基本的なルールは、もともと Londoner v. City and County of Denver と、Bi-Metallic Investment Co. v. State Board of Equalization of Colorado の有名な二つの意見に由来しているが、デュー・プロセスはルール作成ではなく、行政上の裁決に適用されるというものだ。[68] 行政機関が行政手続法の標準手続きのもとで一般ルールを作る場合、デュー・プロセスにはまったく要件がなく、ルール作成にはデュー・プロセス条項は適用されない。唯一の要件は法令である。

しかし、DC巡回控訴裁はある重要な判決において、このルールに対する限定的ではあるが重要な例外を認めた。その精神はまぎれもなくフラー的であった。一九三六年、Carter v. Carter Coal Co. 判決で、連邦最高裁の複数意見は、裁決のデュー・プロセスの公正性要件をルール作成にも拡大し、法定権限の委譲にあたっては公職者に「利害関係がないと推定される」行動を要求することを示唆していた[69]。Carter Coal 判決は死文と考えられ、一九三七年以降、連邦最高裁自身はこの種のルール作成の権限委譲を多く支持していた。しかし、競合他社を規制する法的権力を得たと見なしたアムトラックをめぐる二〇一六年の事件で、DC巡回控訴裁は Carter Coal 判決を復活させ、法令が「経済的に利己的な行為者に競争相手を規制する権限を与える」[70]場合、デュー・プロセスに違反するとした。以前の事件で、連邦最高裁はアムトラックを公的団体と明言した[71]。DC巡回控訴裁は実質的に、公的団体が市場参加者として自己の専有能力に有利となる公式ルールを作り、二つの帽子をかぶることはできないとした[72]。

ここでも、裁判所の分析は結局のところ結論ありきのものであった。何度も何度も、裁判所は規定と、「偏った」意思決定といった形容詞で論じている。もし政府が主張したように、連邦議会がアムトラックに軌道時間やその他の共有資源に対する法的優先権を与えることを意図し、鉄道会社に適用される基準の設定においてアムトラックに役割を与えることを意図したとすれば、そうすることがアムトラックの優先権を守ることを最も可能にするということだからだ。なぜその役割が偏っているとみなされるべきなのか。暗黙のうちに偏りが測定される基準値は何なのか。

この意思決定に対する最善の弁護があるとすれば（あるのかどうかはまったくわからないが）、ルール作成であれ裁決であれ、行政の意思決定には内在的な制度道徳があるとするものである。この見解では、すべての公的および公職者の意思決定は、たとえ連邦議会が意思決定を利己的な団体に委ねることを大局的な視点から望んだとしても、推定的に利害関係がないものでなければならない。公職者の行動そのものの本質的なインテグリティは、どの公職者も全体的な公益にのみ注意を払うことを必要とするのである。このような強い見解が、連邦議会の権限に対する憲法上の制限として説得力があるかどうか、あるいは擁護できるかどうかは、ここでは問題にしていない。重要なのは、このケースでも、我々が調べた他のケースと同様に、明確な法的根拠のない野心的な法理は、行政法の内在道徳に対する暗黙のコミットメントに由来すると理解するのがよいということである。

我々は、行政国家に対する現代の批判のなかには大砲を持ち出すものがあることを強調してきた。批判者たちは、非委任法理を復活させ、規制機関への裁量権の付与を打ち消すことを裁判所に望んでいる。また、たとえ行政機関の裁量が制限されているとしても、違反者が制裁を受けるという意味で拘束力のあるルールを行政機関が発令することを連邦議会が許可することは合衆国憲法で禁じられているとの主張もある。[1] 繰り返しになるが、我々が原意主義者であるべきかは明らかではないし、仮にそうであったとしても、これらの提案は憲法の原初の素材に多くの支持を見出すことはできない。長い間、定着してきた実践を、その名のもとに軽々しく崩すべきではない。民主的自己統治、自由、共通善の観点からすれば、重要な権限の付与を無効にすることは、善よりも害のほうがはるかに大きいだろう。

ここで紹介するアプローチは、比較的控えめであるためか、より有望である。法の内在道徳を主張することは、たとえば、公職者が好き勝手に裁量権を持ち、市民が法の内容を推測しなければならず、人々が自分のことを計画できない場合に生じる、答責性、自由、厚生に関する深刻な問題を強調するのに役立つ。裁判所が法の支配の内在道徳を利用することは、法の支配に関する古くからの考え方を正当化することになる。今回取り上げた法理の多くが、曖昧な法的根拠しか持たないのは、まさにそのためだと思われる。基本的な原理は、自然に主張され、よりよく機能する法システムの一部であることが明らかであるため、法的根拠が曖昧であっても、裁判官やその他の人々はそれを受け入れている。このような言明があったことを思い出してほしい。「遡及は法的に好ましくない」。

行政国家に対する最も厳しい批判者たちは、我々が行政法の内在道徳と呼んでいるものでは完全に満足しないであろう。彼らの多くは、連邦議会自身が具体的な意思決定を行うことを望んでおり、ここで強調されている原理ではその目的を達成することはできない。一方、そうした批判者たちは、行政行為自体が無法地帯であると思われていることにも懸念を抱いている。我々が最も共感できる見方をすれば、彼らの懸念は、フラーが理解した通りの法の支配を維持することである。彼らの最も強い主張の原動力は、フラー自身の精神であると我々は考えている。

そうした主張が説得力を持つような政府を想像するのは簡単である。フラーは、無法者で無愛想な王（レックス）の物語で、まさにそれを具体化した。アメリカの行政国家、あるいは成熟した民主主義の行政国家が、このような想像上の政府によく似ているかというと、それは疑問である。しかし、時と場所によっては、知事や政府がレックスのような行動をとった、とっている、あるいはとるであろうことは間違いなく、司法による対応を求める議論は強力に見えるだろう[2]。

限　界

我々の主なプロジェクトは、現代の行政法をその最善の光で照らすことだった。また、行政国家批判の最良かつ最も有望なバージョンは、直観と詳細の両方において、法の道徳性を強調することであると示唆してきた。ここでは、そのアプローチの限界に目を向ける。我々は融和的な精神でこのアプローチを提供しているが、行政国家を全面的に批判することには賛成していないし、フラー的アプローチが最も説得力を持つ明確な境界線があると信じている。その境界の外では、フラー的アプローチは他の考察に道を譲るべきであり、通常そうしている。言い換えれば、最初の問題は、義務という最小限の道徳を扱うとしても、行政法の道徳の領域をどのように理解するかということである。

行政法のアナロジーが役に立つかもしれない。フラーの「法律を作るのに失敗する八つの方法」という説明は、意思決定者が、そもそも法律のような意思決定が可能なタイプの意思決定に直面していることを前提にしている。(3) シェブロン法理には、テストの段階そのものだけでなく、テストが適用されるべきかどうかを判断するための境界条件のセット（「シェブロン・ゼロ段階」）も含まれているように、法の道徳にもシェブロン・ゼロ段階問題のようなものがある。(4) 閾値問題は、そもそもフラーの原理が適用できる領域、つまり法の道徳のゼロ段階を理解することだ。

フラー自身、この点を繰り返し主張している。「法の内在道徳は、あらゆる種類の政府活動に適した道徳ではありえない」(5)と書いている。フラーの例には、「司法機能の遂行にふさわしい拘束を受ける」べきではない「軍事指揮」、「潮流から電気を取り出す」試みなどの経営判断、公的機関や芸術に対する政府補助金、そしてまもなく述べるように、複数の競争相手間の希少資源の経済的配分も含まれていた。[6] フラー自身は、このような場合（政府が関与すべきとする場合）、政府業務の適切なあり方は、法律に縛られるのではなく、経営的であると考えた。このような領域に関する彼の基本的な主張は、関連する考慮事項があまりに広がり、多様で、複雑で、合理化が困難であるため、法の道徳の原理はこの作業に適していなかったというものである。

現在の行政法は、法の道徳の限定された領域に関するフラーの理解と、部分的にではあるが一致している。[7] 一方、行政手続法は、フラーの多くの状況に対する例外を含んでいる。五五一条における「機関」の定義は、「軍法会議および軍事委員会」と「戦時中または占領地で行使される軍事権限」を除外している。[8] ルール作成手続きは、「米国の軍事または外交機能」や「行政機関の管理または人事に関する事項、公的財産、融資、助成、給付、契約」には適用されない。[9] 正式な裁決の手続きは、「軍事または外交の職務の遂行」には適用されない。[10] したがって、審査可能性の法理も、フラーの懸念に照らして有益に解釈することができる。[11]

フラーは、その主張をさらに推し進めた。フラーの考えでは、行政国家の最も重要な仕事のいくつかは、たとえその仕事が行政機関に委ねられるのが最善であったとしても、法の内在道徳に合致した方法で解決するには、単に不向きであった。彼の代表的な例は、『法の道徳（*Law's Morality*）』と死後に出版された『裁決の形式と限界（*Forms and Limits of Adjudication*）』[12] の両方において、経済的配分と、フラーが「多中心的な裁決」と呼んだものを含んでいた。フラーの典型的な例は、競合する請求者グループのすべてではなく一部にのみ与えられた、無線周波数帯のような希少資源のライセンス付与であった。

フラーは、この種の仕事は本質的に終わりのないものであり、経営判断とは異なって、法的な意思決定のようなものには適さないと考えた。フラーの説明によれば、検討事項や基準はあまりにも多く多様であり、不明瞭な判断が入り込み、個々の権利主張者の権利を定義し尊重するよりも、社会的・総体的な利益を促進することが重要である[13]。ここでは、権利の問題や、個々の請求者に対する正義の問題はない。むしろ、問題は、定義が不明確で多次元的な基準のもとで、全体的な公共の利益の観点から、希少資源をどのように配分するのが最善か、ということである。フラーが肯定的に引用したヘンリー・フレンドリー判事の例では、メトロポリタン・オペラの作品でどの有名歌手が主役を演じるべきかを決定する任務が行政機関に与えられたかのようである[14]。ここには権利の問題はなく、個々の請求者に対する正義の問題さえもない。むしろ、不明確で多次元的な基準のもとで、全体的な公共の利益を視野に入れて、希少な資源をどのように配分するのが最善かが問題である。

フラーはフレンドリー判事の批判を一部参考にしたが、フラーもまた、行政法の内在道徳のようなものを探求してきたフレンドリー判事自身の意思決定に関する研究が、裁決の限界を認識しないせいで間違っていたと考えていた[15]。フレンドリー判事らは、彼らが支離滅裂な意思決定を批判した機関、特に連邦通信委員会（ＦＣＣ）が、裁決という形を通して経済資源を配分せよと指示されていたことを認識していなかったのである（フラーにいわせれば、これらの機関の業績不振は完全に予測できたことである[16]）。

ちょっと考えてみると、経済的配分が（経営的な解決ではなく）法的な解決に本質的に適さないというフラーの見解が受け入れられると、行政機関が行うことのかなりの部分が行政法道徳の領域から除外されてしまうことになる。請求権者間の暗黙のライセンスやその他の配分は、多様に絡み合った利害関係をともなう経済的配分の領域をほとんど網羅していない。また、フラーが裁決の限界に関心を寄せているにもかかわらず、経済的配分に法の道徳が本質的に適さないことを強調したことは、行政手続法のルール作成と裁決の分水嶺を越えている。許認可は多くの点でこの二つの分水嶺をまたいでいるため、行政手続法は、許認可を行政手続法の目的のための裁決とみなすことを明示的に規定することによって、その地位を明確にする必要があった。

つまり、フラーは、法の道徳の原理は、配分的な規制の決定には本質的に適さないと考えたのである。皮肉なことに、現在の法理は、フラーよりもフラー的であるところもある。DC巡回区控訴裁が、一方的な接触の禁止を非公式な（通知とコメントによる）ルール作成にも適用しようとした事例を考えてみよう。一九七七年に判決が出されたHome Box Office v. FCCとAction for Children's Television v. FCCの二つの事件において、控訴裁判所は、行政手続法の一方的接触規定の適用を受けない非公式なルール制定においても産業界との一方的接触は問題となりうるという原理を最初に発表し、その後（ほぼ）撤回した。[17] 行政法における反対文による手続的革新を強調して否定したVermont Yankee判決とMortgage Bankers判決、およびその後の判決からみると、Home Box Office判決がもはやすぐれた法ではないのは明らかだろう。[18]

しかし、我々の目的にとって興味深い点は、Action for Children's Television判決でさえ、「貴重な特権に対する競合する［私的な］請求」を伴うルール作成の一部において、コモンローによる一方的接触禁止を維持しようとしたことである。[19] その典型例は、ある申請者が都市から他の都市へ放送局免許を切り替えるかどうかに関するＦＣＣ決定が挙げられる。[20] この種のルール作成は、事実上、配分的決定であり、フラーが法定された裁決による解決に適さないと考えたＦＣＣの免許取得手続きのように、別の装いをした多中心的な手続きである。そのため、「貴重な特権に対する競合する私的な請求」を仲裁するルール制定手続きにおける連絡の一方的禁止は、フラー流に聞こえるが、実際にはフラーが批判したであろう法的道徳化の典型例といえる（ここでは、貴重な特権に対する競合する主張を含むケースにおいてデュー・プロセス条項が一方的接触に独立した制約を課す可能性について述べているのではない）。

フラーが、配分的決定や規制的許認可を法の道徳の領域から除外したことが実際に正しかったと主張するわけではない。この問題は未解決であり、ここでの我々のプロジェクトでは解決する必要はない。[21] より大きなポイントは、このような決定は、フラーが確実に正しかったと思われるより大きな現象の可能な例の一群にすぎないということである。政府が行うすべてのことが、法の内在道徳の対象となるわけではなく、また法のレンズを通して最もよく理解されるわけでもない。その道徳は、その適切な領域ではいかに優れていても、固有の限界を持っている。

批　判

次に、最大の規範的問題に目を向ける。行政法の道徳については、これまで述べてきたように、㈠法的根拠に乏しいこと、㈡法の支配と競合する価値との間に厚生上の複雑なトレードオフがあること、㈢これらのトレードオフに関する行政機関の判断を監督する司法能力がないこと、の三つの問題に直面することになる。

1　実証主義：Vermont Yankee 判決の問題は、行政法の内在道徳に関するあらゆる主張に対して立ちはだかる。この事件で、連邦最高裁は、裁判所は行政手続法やその他の実定法に規定されている以上の手続き上の要件を課してはならないという有名な判決を下した(22)。連邦最高裁の中心的な主張は、実定法がこれらの要件を確立しており、裁判所は法律の最低限を超えることはできない、というものだった。その限りにおいて、たとえ法の支配のためであっても、裁判官が行政法を律するために用いる原理は、道徳的判断や自然法以外のものに根拠を持たなければならない。

注意すべきなのは、フラーは、道徳的判断や自然法のようなものは、それ自体が法の一部であると信じていたことである。たとえば裁判官は、曖昧な実定法の射程と意味を解釈するために、それらを用いるかもしれない。しかし、Vermont Yankee 判決は、少なくとも、法令が明確である行政法において許容される道徳的議論の範囲を限定している。我々の目的は、Vermont Yankee 判決が法であること、そして、この判決が、何らかの法的根拠なしに、裁判所が行政国家に自分たちの好ましい制約を課すことを禁じている限り、この判決は法の支配の立場から考慮されなければならないことを、ただ観察することにある。

Vermont Yankee 判決については、問いを立てる必要がある。司法が課す要件の法的基盤は何か。これまで述べてきた法理に反映されているような行政法の内在道徳は、実定法に根ざすことができるのだろうか。Vermont Yankee 判決が手続き上の義務には何らかの法的根拠が必要であることを明らかにした後、これらの法理のいくつかは、行政法が（違法な）コモンローの一形態であった時代の産物として、疑問を呈されたり、否定されるに違いなかった[23]。

確かに、そのような法理のなかには、生き残っているものもあり、今後も存続が約束されているものもある。その理由はさまざまである。連邦最高裁の明確な承認を得ているもの（遡及禁止の規範やアウアー法理の制限のように）、既存の法素材に十分な裏付けがあると主張できるもの、また、矛盾した解釈に与えられる尊重の減少のように、公式の法ではなく実践を反映しているものもある。これらの法理が法の支配に関する司法の直観に基づくものでありながら、実定法に基づく根拠を欠いている限り、その基盤は不安定なままである。関連する法理を擁護しようとする者にとって、そのような根拠を特定することが課題であるが、それは容易ではないかもしれない。

この問題については、部屋にデュー・プロセス条項という大きな象がいるのだ。曖昧さによる無効の原理はその良い例であり、遡及がデュー・プロセスの重大な懸念を引き起こすようなケースを想像することができる。フラー自身がレックスを主人公にして法の支配の失敗を痛烈に表現したケースでは、デュー・プロセスの反対はもっともであろう。しかし、我々が見てきた事例では、裁判所は一般的にこうした反論を避けており、それには十分な理由がある。我々は、たとえば、事実の理解の変化や予期せぬ事態を理由に、機関が自らのルールに従うことを拒否しても、デュー・プロセスの問題を生じさせることはないと指摘してきた。場合によっては、この問題を現実のものとするような形で関連する法理が考案される可能性があることを否定するものではない。しかし、現在のところ、それらはデュー・プロセスの範囲を飛び越えているのである。

行政法の中心的な法理――Chenery I判決や Arizona Grocery 判決など――がどれも説得的な実定法の根拠を欠いており、したがって Vermont Yankee 判決との緊張関係が重要な程度に解決されていないとしたら、どうするか。我々の答えは単純である。Vermont Yankee 判決は最善の光で照らしたとしても、行政法のすべてではない。もちろん、この事件は行政法の基本原理を確立したものである。しかし、行政手続法の条文は大いなる尊重に値するが、行政法のすべてを網羅しているわけではない。条文には、道理にかなった行政法制定を促進し、また長年の使用、裁判所の明確な支持、連邦議会の黙認によって神聖化されたフラー的原理も含まれている。行政法のフラー的道徳は、法律と対立するものではなく、その一部である。

2　トレードオフ：第二の問題は、共通善に焦点を当てた広義の厚生主義である。法の内在道徳は重要であるが、制度設計者や法的意思決定者が考慮しなければならない唯一の事項を指し示すものではない。定義上、遡及効の濫用はよくないが、遡及効を代弁する主張があり、それが厚生上の理由で正当化されることが判明するかもしれない。[24] 義務の道徳と熱望の道徳の違いを思い出してほしい。フラー自身は、法の道徳は、彼がスライド式スケールと呼ぶ、法システムを構成するために必要な最低限の道徳と、もう一方の完全な合法性への熱望との間で動く可動式のポインターとともに動くものであると考えた。

ほとんどの場合、最低限の道徳に反することは（厚生主義などの理由で）容認できないことに同意できる。法律はまったく理解できないものであるべきだという考えを擁護することは困難である。しかし、フラーの懸念は、二つの終点（義務の道徳と熱望の道徳）が、とにかく発達した法システムにおいて、ほとんどの制度が運営され、ほとんどの意思決定がなされる広い範囲を拘束しているということである。法の支配を擁護すると称する教義や、法の内在道徳に関するフラーの判断から支持を得る法理は、一般に、終点ではなく、範囲内のさまざまな点を含む。

行政法も例外ではない。フラーがあげた失敗のうち、最初の四つに戻ろう。㈠そもそもルールを作らず、すべての問題がケースバイケースで決定されるようにしていること、㈡影響を受ける当事者が遵守すべきルールを知らされていないという意味での透明性の欠如、㈢人々が現在のルールを信頼できず、変更の脅威にさらされるという意味での遡及性の濫用、㈣ルールを明瞭にすることの失敗。もし、ケースバイケースの判断が何らかの方向づけの枠組みなしになされ、人々が法律の内容を知る術がなく、遡及効が濫用され（誰もそれを望んでいない）、法律の言語が本質的にインクのしみであるならば、現実の問題があることに我々は同意するだろう。法システムによっては、このような失敗が蔓延しており、フラーは光の道しるべとして捉えることができる。

しかし、アメリカの行政法の現実の世界では、問題は通常、失敗というよりも、議論の余地のある不十分さ、つまり、裁量の制約が不十分、透明性が不十分、不当な遡及性がある、明瞭性が不十分ということであろう。どの法システムも、「熱望」の道徳から連想されるユートピア像に近づいてはいないが、それは致命的な欠陥とはいいがたい。別のいい方をすれば、透明性、遡及性、明瞭性には最適なレベルがあり、最適なレベルに到達するためには、複数の種類のコストの検討を含むトレードオフを行う必要があるということである。

この点は、フラーの第一原理で最も簡単に理解できる。ある機関が、比較的自由度の高い基準（たとえば、「実現可能な範囲で」といった表現）を出すか、代わりに明確なルールを出すかを決めているとする。前者の利点は、初期段階での意思決定の負担が少ないことである。おそらく機関は情報が不足しているため、ルールの内容を特定するのに適した状態にはないのだろう。開かれた基準のもう一つの利点は、誤りの数と大きさを減らすことができることである。もしかしたら、ルールは、それが適用されるさまざまな状況には適していないかもしれない。実際、行政国家に対する著名な批判は、行政国家はあまりにも厳格で杓子定規であり、現在よりもはるかにもっと「常識」を行使できるような権限を付与されて構成されるべきであるというものである。(25) この見解では、必要なのは、人々が何をしなければならないかを特定するルールから、原理や目標の声明への移行であり、それは法の支配という観点からは素晴らしいものではないかもしれない。

だからといって、何の基準もなく、その場しのぎで判断することが許されるわけではない。法的権限の問題はさておき、Holmes 判決と Hornsby 判決の実践は実に厄介である。ある規制が、「状況に応じて」行為を違法とみなしたり、給付金を支給したりしなかったりする場合、当局が正当化の重大な負担に直面することに同意はできる。しかし、その規制が、自分自身や民間部門が埋められるような大きな隙間を残しているのであれば、何も問題はないだろう。

　このため、フラーの原理は、どんなに魅力的であっても、行政法では比較的支持されにくいものがあると考えられる。㈡透明性の失敗と㈣ルールを理解しやすくすることの失敗を例にあげよう。ほとんどの場合、行政法にはどちらの失敗も見られない。法律は隠されていないし、複雑かもしれないが、通常は理解に苦しむことはない。しかし、民間部門では、透明性や明瞭性が十分でないことを懸念する声があることも否定できない。二〇一〇年のプレーン・ライティング法は、これに対応するものだった[26]。問題は、平易さには最適なレベルがあり、例えば、規制がより単純でわかりやすくなるにつれて、重要な意味合いが失われる可能性があることである。抽象的な理想原理として、フラーがいうように㈡と㈣を称賛することは可能であり、またそうすべきであるが、関連するスペクトルのどこに位置するかについては、機関はさまざまな、道理にかなった判断をすることができる。

3　司法の誤りと意思決定の負担：第三の問題は、司法の能力に関するもので、司法の誤りのリスクとコスト、および時間や情報といった意思決定の負担の双方を含むと考えられている。十分性と最適性の問題であれば、無能のためか、組織的な利己主義のためか、機関が誤りを犯す可能性があることに疑問の余地はない（Holmes 判決と Hornsby 判決がその例である）。しかし、裁判所もまた自ら誤りを犯すことがあり、その結果、合理的で予測可能な機関の政策決定スキームを混乱させ、システム全体によるフラーの理想の充足を促進するのではなく、低下させてしまうかもしれない。審査裁判所の不手際の脅威やリスクさえも、行政プロセスに影響を及ぼす可能性があるのだ。

少なくとも、完全な情報を持たない裁判所は機関が誤ったかどうかを知るのに最も適した立場にないかもしれない。連邦最高裁は Vermont Yankee 事件において、この点を認識していた。行政手続法のルール作成条項で規定されている以上の手続きを追加するかどうかは、複雑なトレードオフと希少資源に関する判断を必要とする。この判断は、恣意性や明確な法令違反がない限り、裁判所が機関に課すべきものではない。

機関が手続きを決定するときはつねに、機会費用、さまざまなケースに対するより多くの手続きの直接的な費用と利益、目下の計画や仕事の性質を考慮し、プログラムと優先順位にわたって資源を割り当てることが必ず行われる。特定の請求者の要望で一つ一つのケースを調べていると、裁判所が短絡的な見方をし、機関の資源配分を歪めてしまう危険性がある。この点を理解したうえで、連邦最高裁は、このようなケースにおける下級審の監視を制限するために行動してきた。Vermont Yankee 判決の判事による行政手続きの禁止だけでなく、行政機関の強制措置の審査不能性が推定されること、さらにはシェブロン法理そのものなど、行政法の中心的な法理の根拠として、資源配分に関する機関の裁量権を挙げている。[27]

より広範にいえば、連邦最高裁は、行政機関が手続き上の選択をするために広範な裁量を持たなければならないことを長い間、認めてきたのである。これは、手続きの選択が非常に多くの複雑なプログラム上の考慮事項に依存するため、フラー的原理が脅かされ、あるいは侵害されると考えられる領域であっても同様である。近代行政法の初期に採用され、時折、司法がルール作成を主張するのと緊張関係にある基礎的な例として、ルール作成と裁決のどちらで手続きを行うかを選択する機関の裁量を検討したChenery II事件がある。[28] 異議申立人は、証券取引委員会が行政ルールが適用されない過去の行為に基づく遺贈命令を出したことで、フラー主義の基本原理である遡及禁止に違反したと訴えた。[29] その見解の帰結は、行政機関がまず（前向き）ルールを作ることで手続きを進めることの要求であったため、遡及性の問題は行政機関の手続き形式の選択に付随する効果となった。

連邦最高裁はこれに同意せず、行政機関はコモンローの裁判所が行うことができたことを行っただけであり、当面の目的にとって重要なことは、行政機関の命令が「遡及的」とみなされたとしても、そのような遡及性は機関の行動を妨げるものと理解すべきではない、と述べた。[30] むしろ、正しい分析には、一方では規制対象者の危害と、他方では行政機関の事業の必要性のバランスをとることが含まれるであろう。[31] ここで重要なのは、機関の事業は、事案の集計や配列に及ぶため、特定の事件で問題となる原理や特定の請求者の利益を超越していることに留意することである。ルールで進めるか命令で進めるかの決定は、必然的に、政策形成のオープンエンドで多様な、そして明確に行政的なプロセスの必要性に目を向けた決定となり、批判者たちが提案したフラー的な原理はこれに適さないものであった。この連邦最高裁の説明は、長く引用する価値がある。

効果への厳格な要件があれば、行政手続きは柔軟性を欠き、発生する多くの専門的な問題に対処することができなくなる。……法令の効果的な運用に不可欠なすべての原理を、直ちに一般ルールの型にはめ込むことができるわけではなく、またそうすべきでもない。ある原理はそれ自体の発展を待たなければならないし、他の原理は特定の予見できない状況に合わせて調整されなければならない。……言い換えれば、行政機関が理にかなった予見をすることができなかった問題、つまり関連する一般ルールがないにもかかわらず解決しなければならない問題が発生することがある。あるいは、行政機関は、暫定的な判断を厳密なルールにしてしまうことを正当化するほどには、特定の問題に対して十分な経験を積んでいないかもしれない。あるいは、その問題は、一般的なルールの枠内で捉えることが不可能なほど、専門的で多様な性質を持っている場合もある。このような状況で、行政プロセスが効果的であるためには、機関はケースバイケースで問題に対処する権限を保持しなければならない。このように、法定基準のケースバイケースの発展には、非常に明確な位置づけがあるのだ。そして、一般的なルールで進めるか、個別のアドホックな訴訟で進めるかの選択は、主に行政機関の情報に基づく裁量にある。[32]

Chenery II 判決は、広範な教訓を与えてくれる。フラー的な原理がいかに妥当で魅力的であったとしても、その範囲と重さには限界がある。フラー的な原理は、どんなに有効で魅力的なものであっても、その範囲と重さには限界があり、行政機関の組織的役割や能力、資源の制約、プログラム上の目的などとどうしても引き合わせなければならないのである。Chenery II 判決の教訓は、フラーの同僚であるルイス・ジャフィ教授による大著に反映されているように、戦後の行政法学者の間でコンセンサスとなった。[33] フラーは、法の道徳が政府の行うことの領域をほとんど網羅していないこと、彼の原理が願望的側面を持つこと、有効な法システムがそれらを部分的にのみ実施する可能性を理解していた。それはすぐ同意できることである。

進むべき道

我々の主な目的は、行政法の道徳を特定し、大きなものから小さなものまで、判事が作ったさまざまな法理が、その道徳へのコミットメントによって統一されていることを示すことである。多くのケースで、連邦裁判所は、行政機関がまったくルールを作らず、遡及的に行動し、矛盾した行動をとり、ルールの実際の運用を発表されたルールと一致させることができない場合、違法だと判決している。

根本的な決定のなかには、法的根拠が曖昧なものもある。デュー・プロセス条項や行政手続法に根ざしていると称することもあるが、公式の法律との関連性は弱い。行政法の道徳性を証明するために、連邦裁判所は背景となる原理と思われるものに反応してきた。これは、連邦最高裁によれば、法律上好ましくない遡及効の文脈で最も明確であるが、ここで論じるいくつかの法理は、同様の用語で理解することができる。

我々は、行政国家に対する現代の批判者の多くが、行政機関がフラーの八つの原理の一つ以上に違反していると主張し、法の支配の異議を申し立てていると見るのが最も適切であると提案してきた。このように批判を理解することで、批判者とその主張に最善の光が当たる。同時に、明確な法的根拠がないだけでなく、法の道徳の領域は本質的に限られており、フラーの原理が適用される場合でも、行政機関は合理的な選択で妥協できるため、これらの原理を司法が利用することに慎重であるべきことを主張した。現行法は、行政法の内在道徳の美点と限界の両方を認めている。実際、第五章で示そうとするように、連邦最高裁は行政法の内在道徳へのコミットメントに収斂している。それは、行政国家に関する壮大な相反するビジョンを受け入れるためのアプローチであり、まさに我々が提唱するようなアプローチである。

新古典派行政法？

最後に、我々のアプローチに対する代替案について、長めの注釈を付しておく。ジェフ・ポジャノフスキ教授は、アメリカの公法史に根ざしたエレガントで立派な法的枠組みを提示している。[34] この枠組みは、Crowell v. Benson 判決で最も顕著に体現されている。[35] 新古典派行政法として知られるこの法律は、法律の問題については全体的または新規の司法意思決定、政策選択の裁量問題については実質的な司法敬譲（現代用語では、恣意性や気まぐれに対する敬譲的審査（deferenial arbitrary and capricious review））、という二つの主な特徴を持つ。[36] ポジャノフスキは、新古典派行政法が、一方では最近の行政国家に対する広範で原意主義的ともいえる批判、もう一方では行政至上主義のための法律の無欲化の間の中道となることを示唆する。新古典派行政法は、行政の裁量に政策決定を委ねる一方で、法的な問題については新規の審査を行い、少なくとも法令、拘束力のある行政ルール、行政の「管轄」の境界を注意深く取り締まることになる。

ポジャノフスキの功績は称賛に値するが、我々はこの枠組みが最終的に成功するとは考えていない。第一印象の問題として、新古典派行政法が基本的な法文や憲法原理を最もよく読み解くものであるかどうかという最も根本的な疑問は横に置いて、代わりに行政法の法理とその実現可能性に注目することにする。ポジャノフスキは中道を目的としているため、かなり明確に、現在のアメリカ法にとって理解可能な程度に適合する見解を進めることを狙っており、彼の枠組みは、法的革命のための急進的な提案であるとは主張していない。

しかし、結局のところ、新古典派行政法は、穏健な代替案を提供すると主張する、気の遠くなるような原意主義とほとんど同じように過激である。連邦最高裁は、最近の新古典派行政法の中心的な法理の一つを拒否しただけでなく、より大きな意味では、我々の法律の進化によってすでに裁かれ、拒否されている。[37] ポジャノフスキの新古典主義的と思われる行政法は、実際には古典的な立場を軽く再構築したものであり、現代の行政国家の制度的条件のもとでは非常に不安定で実行不可能であることが証明された。その意味で、彼の立場が具体的に何なのかは明らかではない。

この指摘には、狭義のものと広義のものがあり、それぞれ現在の法理と一九三〇年代以降の法律の大きな流れに焦点を当てている。現在の学説については、第五章で詳述するが、近年の新古典派行政法の主な登場は、Department of Commerce v. New York 事件におけるトーマス判事の反対意見の脚注であった。[38] この判決は、商務省に広範な法的権限を与える一方で、その政策選択に理由がないか厳しくチェックするという、ポジャノフスキのアプローチとは実質的に逆のことを行った。Kisor v.

Wilkie 事件において、行政機関のルール解釈に対する敬譲を再確認し、新古典派行政法に深刻な打撃を与えた[39]（この問題については第五章で詳しく述べる）。

ポジャノフスキの Kisor 判決の扱いは、完全には説得力がないと考える。彼は、Kisor 判決で明らかにされた Auer 判決の権威に基づく敬譲は、Skidmore v. Swift & Co. 判決に基づく省庁の推論のもっともらしさに基づく敬譲と実践的にほぼ重なる可能性があると強調する[40]。この原理は、新古典派行政法とは正反対であり、装塡された銃のように、将来の弁護士や裁判官が敬譲の必要性を感じたときに手に取るのを待つだけである[41]。

また、Kisor 事件の結果は、特定の保守やリバタリアンの法曹界で盛んに議論され、大いに期待されているシェブロン敬譲を覆すプロジェクトにきわめて不利な結果をもたらすものである[42]。Kisor 判決におけるロバーツ長官の支配的な同意の根拠は長年の判例であり、彼はシェブロンの問題を別物として慎重に留保したが、アウアー法理を覆すことができなければ、シェブロン法理も覆せないだろうというのはもっともな推測である[43]。Kisor 判決以前は、保守 - リバタリアニズムの法律家たちは、アウアー法理を覆すことが、シェブロン法理を覆すに至る最初の簡単な段階であると考えた。第一段階で明らかに失敗した以上、第二段階で成功を期待するのは不合理である。シェブロンはさらに狭められるかもしれないが、そこでも、狭義の処分は敬譲の基本原理を法のなかに埋め込んだままにしておくだろう[44]。

ポジャノフスキの枠組みの問題は、最近の法理の理解という問題以上のものである（それ以下でもないが）。それは、裁判官を悩ませる時間、情報、能力の現実的な制約のもとで、法の実現可能性という、より大きな問題である。なぜ、新古典派行政法は、古典派行政法よりも安定的であることが証明されるのだろうか。新古典派行政法の主要な理論的インスピレーションである Crowell 判決の枠組みについて観察できる主なことは、それが一九三二年の創設から約十年のうちに崩れ始めたということである。一九四三年、NLRB v. Hearst 事件では、連邦最高裁は「法に合理的な根拠がある」機関の解釈への敬譲を述べるとともに、実質的証拠テストのもとで事実と政策の機関決定への敬譲を認めていた。(45) この敬譲は、Crowell 判決の古典的行政法の文言と精神に反するものであるが、多くの重要な修正と変遷を経ながらも、今日まで法として存続している。

実践的に言えば、行政機関の法解釈を敬譲することが行政手続法の条文、構造、本来の理解、そして憲法に合致するかどうかという議論をいったん横に置いて、このような（新）古典的行政法の崩壊は完全に予測可能であると思われる。政策や事実の問題から法律への敬譲が波及する理由は、決して不思議なことではない。

第一に、特に現実の裁判官にとって、少なくとも難しい事件では、法律、事実、裁量や政策の問題の区別が移ろいやすいという悪評がある。(46) Hearst 判決では、いわゆる法と事実の混合問題、つまり新聞配達員を全国労働関係法の範囲内で従業員と独立請負人のどちらに分類するかということが問題となった。Hearst 判決は、行政法の移り変わる最前線での論争のある事件において、純粋な法律問題と混合問題との間の明確な区別を時間とともに維持できない裁判所の無力さを完璧に示している。そこで提示される問題は、法律、事実、政策のどれなのだろうか。たとえ精緻な分析的議論によってすべての構成要素を切り離すことができたとしても、連邦裁判官には精緻な分析的議論をする時間も気力もないのが実情である。同じことが、道理にかなった、適切な、または必要な行動をとることを機関に要求または許可する多くの法律にも当てはまる。このようなケースでは、法律、事実、政策的裁量の間の境界線が不確実で不安定であることが慢性的な事実である。

このような区別が安定的でない、あるいは耐えうるものではないという認識は、いくつかの判例に反映されており、これらは、一方では法的問題の審査、他方では事実と裁量的政策決定の審査というポジャノフスキの鋭い区別を描くことの難しさを強調している。その一例が、Hearst 判決に直接続いて、いわゆる「純粋な法律問題」と「法と事実の混合問題」の区別が実践的に不安定であることである。[47] この区別の不安定さは、適用するより述べる方がはるかに簡単であり、(新)古典的な枠組みが構築されている法律問題と非法律問題の鋭い区別を損なっている。

同様に、City of Arlington v. FCC 判決では、スカリア判事がトーマス判事を含む多数派を代表して、機関の「管轄権」の問題と機関の権限に関わる他の法律の問題とを区別することが首尾一貫しているという考えさえ否定した。[48] これは、行政機関の「管轄権」というカテゴリーが Crowell 判決の枠組みの中心であった以上、理論的に重要である。[49] ポジャノフスキは、この点が自身の見解にとって問題であることを認識し、「管轄権」の例外を復活させるつもりはないと否定したうえで、すぐに裁判所は機関の権限の「範囲」を新規に決定すべきだと述べている。[50] しかしこれは意味上の違いで、実際に、機関の「管轄権」に関する問題を機関の権限の範囲に関する問題と定義した裁判所によって明確に否定された違いである。[51]

最後に、恣意性が最初に問題になった Citizen to Preserve Overton Park, Inc. v. Volpe 事件のもと、

どのような要素が行政機関の政策選択にとって重要かという問題を考えてみよう[52]。連邦最高裁は、連邦議会が要因の有無を明確に規定した場合、当局はその決定を尊重しなければならないが、連邦議会が沈黙している、または曖昧である場合、当局はどの要因が関連するかを決定する裁量権を有すると、一般的に、そしてきわめて常識的に述べてきた[53]。言い換えれば、裁判所は、恣意性審査の最初の段階自体をシェブロンの問題として扱い、ポジャノフスキならきれいに分けられるであろう問題を一部崩している[54]。これは新古典派行政法に重大なジレンマを引き起こす。もし、法令が関連要因を関連づけるものであり、裁判所がすべての法令上の問題をまったく新規に判断するのであれば、裁判所は、あらゆることを考慮して、政策選択を行う際に、機関がどのような要因を考慮してもよいか、してはならないか、あるいは考慮しなければならないかを自ら決定しなければならない。しかし、それではポジャノフスキが推奨するような政策決定に対する敬譲審査が行われるとは到底思えない。新古典派行政法の枠組みは、内的な矛盾があるか、あるいは Overton Park 判決の枠組みやそこから派生したすべての法律を放棄しなければならないのである。

ここで、法／事実／政策の区分の不安定さ、特に複雑な現代の法令に適用される場合と関連するが、別の問題、すなわち、リーガル・リアリズムの法哲学的問題に目を向けることにする。リアリズムが、行政国家の発展とほぼ同時に、またコモンローのカテゴリーに挑戦する法的形態や手段の普及とともに生まれ、繁栄してきたのは偶然ではないだろう。行政機関への法的委任という文脈から、解釈はしばしば、少なくとも、あるいは特に困難な場合には、裁量的な政策決定における運動であるという考えが生まれがちである。シェブロン事件自体が明白な例である。この事件で問題となった「泡沫規制」の妥当性は、一九世紀の裁判官が認めるような厳密な法律問題だったのだろうか。環境保護庁の選択に対する評価は、政策上の問題に大きく左右されるのではないだろうか。ポジャノフスキは、「たとえ法律が法的問題を提起する訴訟事件のごく一部を過小評価していたとしても、そのような例外的なケースに基づいて司法審査のシステム全体を構成すべきとはならない」[55]と述べている。

もっともである。問題は、「例外的なケース」があらかじめきちんと分類されていないことである。行政国家における多くの法に関する問題は、一見したところ法的な問題の解決が政策の判断に左右される限り、まったく例外的とはいいがたいのである。控訴審に進むにつれ、裁判官が法令が曖昧であるか否かを論じることは、ますます妥当性を帯びてくる。その結果、最高裁でしばしば見られる光景、すなわち、基本的に同規模の二つの裁判官集団が、それぞれ法令が自分たちの見解を「明らかに」支持していると激しく主張する光景が見られるようになる。このような世界では、弁護士たちは当然のこと、両グループとも、法令には（両者が異なる）単一の決定的な意味があると素朴に主張するのは間違っている。実際には法令は曖昧であり、新古典派解釈のツールは問題を解決するには単に不十分であると結論づけるようになる[56]。

古い法令、たとえば大気浄化法や移民法のような、政治的に偏向し分裂した連邦議会がほとんど更新しないが、つねに変化する問題を管理すると期待される法令のもとで、行政国家が新たな問題や課題に直面するにつれ、法令の起草者がまったく予見していなかった問題が発生しても、法令が単一の正しい答えを提供すると主張することはますます妥当でなくなっている[57]。このように、旧来の枠組法や準憲法が、行政国家の一部を統治する本質的にコモンロー的な憲法内容となる傾向が顕著であり、変化する行政機関の解釈と、多かれ少なかれ偏向した司法審査との相互作用によって時間をかけて発展していくのだ。

この観点から、一八六二年生まれの連邦最高裁長官によって書かれたCrowell判決は、古典的な法思想の世界から取り残されたようなものであり、発展する状況に直面してほとんどすぐに壊れてしまったものであるといえるだろう。シェブロン自体、法学的見地からは、限定的なリーガル・リアリズムの産物として理解するのが最も適切である。シェブロン自体、法学的見地からは、大気浄化法のような法令を、長期にわたり、変化し、予期せぬ状況のなかで機関が解釈する場合、その解決を一般論者で責任のない司法に任せることが明らかに良くない政策選択に直面するのは必然であると理解するためである。別の言い方をすれば、シェブロンの要点は、古典的な法解釈の試みである法的意味を一点に絞るのとは異なって、行政機関の裁量のための「政策空間」を開く解釈の概念を明示することにある[58]。

ポジャノフスキは、「シェブロン法理の構造自体が、プラグマティストや行政至上主義者が表向き否定しているリーガル・リアリズム以前の想定にかかっている」と主張する。なぜなら、第一段階では裁判官が法令が明確かどうかを判断し[59]、「問題が明確かどうかを規定することは、明確さを判断するための安定した尺度を前提にしている」からである。しかし、これは、（職務執行令状のような特殊なケースを除けば、間違いなくシェブロン自体の起源である）法令が「明確」であるかどうかではなく、単に、あらゆることを考慮したうえで最善の解釈は何かを問うような、リーガル・リアリズム以前の解釈へのアプローチではまったくない[60]。ハーストとシェブロンは、ある範囲のケースにおいて、行政機関は、どのような解釈が最善であるかという裁判所の判断に理解可能な反対をすることができ、そのような反対をする場合には、行政機関が勝つという仮定を導入することによって、この体制との根本的な概念上の断絶を示した。過去との決別は最小限にとどめることはできない。いったんそうなってしまった以上、力ずくで旧世界の信念構造に戻ることは、ヒポクラテス医学の四体液に対する皮肉な信念を自分に植え付けることができるというのと同じように、おそらく不可能である。

ポジャノフスキは、時間と専門知という現実的な制約のもとで仕事をする裁判官が、非常に複雑な現代の法令を、その解釈が甚大な政策的帰結をもたらすという、真に独立した司法分析を行うことの実践的な不可能性には決して目を向けていない。その典型的な例が、シェブロン法理に関する連邦最高裁の内々の審議であった。ハリー・ブラックマン判事の論文によれば、シェブロン判決を下したジョン・ポール・スティーブンス判事は、この事件に関する審議で、「混乱したときは、行政機関に従う」と述べている[61]。これは、複雑で特殊な規制法規に直面し、自らの知識の限界を知り、司法の失策が極めて深刻な結果をもたらす可能性を知るジェネラリスト裁判官にとってまったく合理的な意思決定戦略である。さらに重要なことは、このような敬譲は、正式な法理によって制御することが難しいということである。どのような連邦最高裁判決、法令、あるいは憲法改正であっても、裁判官の内的な熟慮プロセスの裏側で働くこの種の認識論的敬譲を打ち消すことはほとんど不可能であろう。選択肢は、敬譲があるかないかではなく、開かれた敬譲か隠された敬譲か、である。

古典的なCrowell判決の枠組みが不安定であった理由は、非常に類似した新古典派の枠組みにも受け継がれている。実際、ポジャノフスキのアプローチのどこが特に新古典主義的なのか、それは明らかではない。ポジャノフスキは、Crowell判決が拠って立つ法解釈と法政策決定の間のリーガル・リアリズム以前の区別を本質的に同じように前提としている。ポジャノフスキは、当時の裁判所が合目的的な法解釈を行っていたため、Crowell 判決の鋭い法／事実の区別は十分に形式主義的であったのに対し、「新古典主義者の法形式主義は、……リーガル・リアリズム以前への回帰である」と、逆に両者を区別しようとするのであった。(62) Crowell 時代の解釈が高度に合目的的であり、反形式的であったという前提を受け入れるとしても、それは一九三〇年代の古典的枠組みと一九五〇年代のリーガル・プロセスのアプローチを根本的に混同した見解であり、ポジャノフスキの望むような復帰はありえない。(63) リアリズムというリンゴを味わってしまうと、すべてが変わってしまい、素朴な古典主義の庭に戻る道は永遠に閉ざされるのである。どんなに便利な枠組みができたとしても、古典的な法／政策の区別に対する信念を不断に復活させることは不可能である。Crowell 判決の枠組みをより形式主義的なものに戻そうとすることは、せいぜい、そもそもその枠組みを崩壊させるに至った裁決の条件と知的困難を再現するだけである。(64) ヴァレリー・ジスカール・デスタンは別の文脈で「一九六八年以前の状況に一九六八年につながる条件が含まれていたという理由だけであれば、一九六八年以前の状況に戻ることに疑問はない(65)」と述べている。

全体として、ポジャノフスキの提案は、その抽象的な利点がどうであれ、暗黙のうちに、主張するよりもはるかに過激なものである。それは、あまりにも多くの法理、実践、歴史から外れており、法の実現可能性を示すものではない。行政法は、たとえポジャノフスキが指し示す方向に故郷があると仮定しても、ふたたび故郷に帰ることはできない。ポジャノフスキの論考には、称賛すべき点、学ぶべき点が多くある。しかし、真に新しいものは少なく、古典的な行政法への回帰は、いかに熱烈な欲求があったとしても、現実的に可能な未来ではないだろう。

このような観点から、我々自身の枠組みの重要な利点は、ラディカルな原意主義や新古典派行政法のいずれもが主張できないような、純粋に解釈的であることだと考えている。それは、過去との連続性を維持する方法で、（行政）法の本質的な道徳性を説明し、明確にしてきたアメリカの行政法の発展途上の道を捉えるものである。このダイナミックな伝統こそが、長い間、続いてきた論争に決着をつける方法を提供するものであると、我々は期待している。次章では、ロバーツ・コートの重要な展開に我々の説明を適用し、長年にわたる教訓を得ることができると考える。

第五章　作動中の代替保護策

　これまで強調してきたように、アメリカ連邦最高裁は、行政国家の範囲、限界、運営をめぐる対立の主要な場である。いくつかの点で、行政や執行機関の権限を縮小する重大な決定が下されるとの予想が、特にリバタリアンや原意主義者の間で広まった。行政機関の法令解釈に対するシェブロン敬譲を批判してきたゴーサッチ判事が承認され、期待が高まった。[1]「新しいコーク」が台頭してきたかに見えた。

　ギリアン・メッツガー教授が二〇一七年に『ハーバード・ロー・レビュー』誌の序文で「一九三〇年代の再来」と述べたとき、真の危機が到来したかのように思われた。[2] 連邦最高裁は、性犯罪者登録届出法（SORNA）の合憲性に対する異議申立てを、この問題について巡回区裁判所の間で対立がなかったにもかかわらず、非委任法理のもとで審理するために裁量上訴を認めた。また別に、規制についての行政解釈に対する司法の敬譲を放棄するかどうかを検討した。根本的な変化への期待はますます高まった。

　しかし、二〇一八年から二〇一九年にかけての連邦最高裁の期間では、一見したところ、その期待は裏切られた。Gundy v. United States 事件で連邦最高裁は意見が対立し、ゴーサッチの反対意見もあったが、アメリカ司法長官への法的権限の無効な委任を有効にすると主張されていた、既存の犯罪者の登録に関するＳＯＲＮＡ法の一見したところ無期限の法定規定の無効化を拒否した。(3) Kisor v. Wilkie 事件では、連邦最高裁は、ゴーサッチの事実上の反対意見に関して、当局自身の規制の行政的解釈に対する Auer 法理への準拠の有効性を再確認した。(4) Department of Commerce v. New York 事件では、市民権の問題を国勢調査に追加できるかどうかという政治的にもつれた問題を含め、連邦最高裁は、同省にはそうする広範な権限があると判断した。長官は機関の長として、専門機関職員の反対の助言に拘束されることは決してないということである。そして、不確実性のもとでの長官の予測的判断は、司法によって広範な敬譲がなされるべきものであったと述べている。(5)

しかし同じように、連邦最高裁は組織としては、行政権の行使のためのガイドライン、明らかにフラー的な側面を持つガイドラインの探求に関心を持っていた。Gundy 判決の多数意見は、文脈によればＳＯＲＮＡ法は実際には司法長官に自由な権限を与えておらず、法的な目的と、目的の解釈を用いて司法長官の裁量を誘導していることを示そうと努めた。Kisor 事件では、多数意見はアウアー敬譲の前提条件と限界を再強調し、明確化し、特に機関はそのような問題について考慮され、公式で、一貫した判断を下すべきであると強調した。国勢調査に関する訴訟では、連邦最高裁は最終的に、商務省の公式な行動の根拠は、同省自身が公言している根拠と一致しない口実であるとして、さらなる行政上の説明を求めた。

いずれの場合においても、ロバーツ・コートは、行政法と、行政法の内在道徳の原理に依存する行政国家との均衡的アプローチに向かい、それらの原理を法の支配の価値を保護するために展開したと考えられる。このアプローチは、我々の枠組みとはっきり一致しており、他の可能な枠組みとはまったく一致していない。そうであれば、第四章の最後で、新古典主義的な行政法に反対する我々の主張を増幅しながら議論することになる。

これらの動きについては、ケーススタディのような形で議論する。我々は、特定の連邦最高裁の期間に焦点を当てたそのような研究が、急速に時代遅れになることを強く認識している。我々はまた、未来には驚きが含まれている可能性が高いことを強く認識しており、我々のいくつかの予測は暫定的に提供されているにすぎない。しかし状況によっては、砂粒のなかに宇宙のようなものを見つけることができる。我々の見解では、ここで探求される発展の意義は、二〇一八年から二〇一九年のような重要で実際に最高潮だった期間であっても、連邦最高裁のどの特定の期間をも超えているのだ。より広い意味では、行政法は、法の支配の基礎となる価値に対する一連の保護策として、フラー的原理にますます収斂してきている。この法は、行政権を直接排除することによってこれらの価値を保護するのではなく、そのような権力の行使を知らせ、制限し、改善することを望んでいる。

「新しいコーク」のような行政国家の批判者の立場からは、これは明らかにセカンド・ベストの解決策であることを強調してきた。この批判者が主に反対するのは、何よりも、委任を一掃するという現代の体制そのものにある。第二章で説明したように、行政法道徳の原理は、そうした委任を直接に制限するものではない。しかし、批判者たちは、望むものすべてを手に入れることはできない。なぜなら、そこで望まれているものは法的に争われうるし、実際に争われてきた。そして現代の行政法のいくつもの支柱と衝突し、あまりに多くの現存の制度を根本的に不安定にするからである。このような理由から、批判者たちの最大の目的は一貫して連邦最高裁と政治部門によって拒否されてきた。Wong Yang Sung 判決の主要原理の要点は、たとえ異なる政党によって支持されている最善の憲法内容に照らして理想的でなくても「対立する社会的・政治的勢力が依拠できる」妥協点を見つけることである。意見対立の深刻さを考えれば、支持者も批判者も、ほしいものをすべて手に入れられないからといってまるっきりの不満をいうことはできない。主要な関心事が、広範で正統な制度のもとで受け入れられれば十分である。ロバーツ・コートで顕著に示されている代替保護策は、まさにこの特徴を持っている。

まず、非委任法理について説明し、なぜ連邦最高裁が非委任法理の発動に消極的なのか、その法的根拠が不明確であり、構造的・機能的正統性が曖昧で争点となりやすいのかを説明する。我々の目的は、非委任法理をめぐる一階の議論をやり直すことではなく、連邦最高裁が「新しいコーク」による修正主義的な提案をどのように、そしてなぜ拒否し、そのような提案の根底にある不安を受け入れる代替保護策的なアプローチを支持してきたかを示すことである。そのうえで、ロバーツ・コートが行政法道徳の原理を代替保護策として明確に採用し、行政の政策決定の正統な要求と法の支配の懸念を調和させている、ルールや法令の行政解釈への敬譲や、行政機関による推論の審査に関わるいくつかの重要なエピソードに焦点を当てる。

非委任法理

合衆国憲法第一編第一節は、立法権を「合衆国の連邦議会」に与えている。しかし行政機関は、「公益」を促進するため、あるいは「実践的」「道理的」な、または「公衆衛生を守るために必要な」規制を行うように求める法令に基づき、しばしば広範な裁量権を行使する。これは憲法違反なのだろうか。そう考える人もいる。その見解によれば、連邦議会は広範な裁量を行政機関に「委任」できない。この主張にはさまざまな形がある。長年の間、連邦議会は何らかの「明瞭性原理」によって、行政機関の裁量権を十分に抑制または制限しなければならない、というのが中心的な主張となっていた。[6]

ゴーサッチ判事は、ロバーツ長官とトーマス判事とともに、さらに踏み込んだ議論を展開している。彼は、連邦議会が許されているのは次の三つのことだけだと主張する。事実認定の権限を各行政機関に与えること、計画を具体化するように指示すること、そして外交問題など行政府の憲法上の特権である領域で行動する権限を各機関または大統領に与えることである。ゴーサッチの主張は、現代の行政権限の多くが違憲であることを意味するかもしれない。彼の考え方では、大気浄化法、労働安全衛生法、国家交通・自動車安全法の主要な条項が無効とされうる。

ゴーサッチは、他の多くの人々と同様に、非委任法理の歴史的な展開についての単純な物語を提供している。この見方によれば、この法理は憲法構造の重要な一部であり、二〇世紀初頭または中盤まで一般的に尊重されていた。一九五〇年代から、連邦最高裁は非委任法理を事実上放棄した。これは、

「明瞭性原理」テストを実質的に無効化することによって行われた。連邦最高裁は、開かれた用語（「実行可能」や「公衆衛生を守るのに不可欠」など）が、実際には理解可能な原理を含んでいると述べることがあまりに多すぎたのである。これは重大な誤りだった。ゴーサッチが述べるように、「一九三〇年代以前、行政府に権限を付与する連邦法は比較的控えめであり、通常は容易に支持されていた。しかし、その後、連邦政府は爆発的に成長し始めた[7]」。短期間で、憲法上の制度秩序は崩壊し、「おそらく最も適切な説明は、進化する『明瞭性原理』法理の物語にあるのかもしれない」。ゴーサッチが述べるところ、この言い回しは「独自の命を持ち始め」「変異し」、本質的に、連邦議会に対する白紙委任となった。

ゴーサッチの見解では、明瞭性原理のテストは放棄されるべきか、さもなければ、連邦議会が事実認定や計画の具体化を行政機関に求めることができるという考えを示す略語として、「より伝統的な教えと整合する」本来の用語で理解されるべきである。いずれにせよ必要なのは、憲法の核となる原理を回復し、八〇年以上続いてきた憲法上の壊滅的な誤りを放棄することである。サミュエル・アリトー判事も同意する。「もしこの法廷の大多数が、過去八四年間とってきたアプローチを再考する気があるのなら、私はその努力を支持するだろう」。

これと相反する説もあり、我々は第一にそれを支持している。その見解によれば、ゴーサッチが理解する非委任法理は、憲法上の確実なルーツを欠いている。注意深い歴史的研究はそれを支持している[8]。それどころか、ゴーサッチが理解している非委任法理は司法による産物なのである。そして、連邦最高裁がそれを作り出したのは比較的最近のことなのだ。一八世紀ではなく、おおまかにいって一九世紀後半から二〇世紀にかけての産物である。

　この考え方を支持する人のなかには、連邦議会が行政機関に広範な裁量権を与えることを合衆国憲法が禁じているとは考えていない人もいる。連邦議会が付与した権限の範囲内で行政機関が行為する限り、たとえその範囲がきわめて広かったとしても、執行権を行使していることになる。そもそも連邦議会がその権限を付与するように決定したこと自体が立法権の行使であり、立法権の行政への移転が無効であるわけではない。他に、原意主義的あるいは非原意主義的な理由から（あるいはその両方から）、連邦議会が行政府に無制限の権限を付与する権限には憲法上の限界があるとするのが正しいと考えている人々もいる。それによれば、少なくとも一九三五年以降、それまでいかなる法令も限界を超えたと認定されなかったにもかかわらず、連邦最高裁はそうした限界があると述べていることを強調する用意があるかもしれない。また、明瞭性原理のテストは憲法上の限界を特定するよい方法であり、一見したところ無制限に見える法文であっても、裁判所は一般的にテキストと文脈の両方を調査して理解可能な原理を特定することができると考えられている。裁判所にはそれが可能であり、判事たちはこの領域では連邦議会に対して適切に敬譲しているのだから、非委任法理の現状は――実行されておらず、また真に極端な場合には利用可能であっても――、嘆くべきものでない。

　どちらの場合でも、我々の結論は、一般的にいって、裁判所は合衆国憲法第一編第一節を、連邦議会に対して具体性をもって立法し、行政裁量を厳しく制限することを要求するものとして解釈すべきではないということだ。法の内在道徳を促進するために裁判所が代わりにできることは他にもある。我々はすでに多くの例をあげて説明している。実際、ロバーツ・コートは有名な事件でこの代わりの手段をとってきた。以下、説明していこう。

連邦最高裁のアプローチ

これまでのところ、ゴーサッチ判事の Gundy 事件での反対意見のアプローチは、連邦最高裁の多数派を動かしてはいない。実際、その判決の結論は、連邦最高裁は非委任からの異議に対し、きわめて開かれた文言で書かれた準刑事法を支持したことだった（多数意見は、ケーガン判事の相対多数意見とアリトー判事のやや悩みながらの同意によって構成されていた）。刑法は特に明確な立法的境界を必要とするといった理由から、こうした法律を無効にする判決が出されることは想像に難くない。にもかかわらず、連邦最高裁は全体として、こうした状況であってなお無効にしないことを選んだのであり、それは非委任法理を復活させようとする人々の希望を打ち砕いた。

しかし、我々の関心はただ連邦最高裁を観察することではない。連邦最高裁が代わりに行ったことは、行政国家と法の支配にとってより広範な重要性を持つため、強調されるべきだ。先例の判決に強く依拠しながら、連邦最高裁は、法律はその目的に照らして解釈されるべきであり、その目的は、性犯罪者の登録をできるだけ確実に行うことであったと結論づけた[9]。連邦議会は、法律の施行前に有罪判決を受けた人々にとって、登録は管理運営や行政上の課題をもたらすことを認識していた。ここで関連する文言は、文脈から外れて読むと、アメリカ合衆国司法長官に「好きなようにしてもいい」と伝えるように受け取られるかもしれない。しかし、文脈に照らして読むと、有罪の性犯罪者をできるだけ最大限に登録するように司法長官に伝えるように読むこともできる。連邦最高裁は後者の解釈を選択したのである。

そうしたことの理由の一つは、それがより適切な解釈であると思われたからだ。それ以上に興味深いのは、連邦最高裁が、文脈に基づいて法律の目的を解釈することに重点を置くことによって、行政機関の裁量を調整し、規律するためにそうしたということだ。基本にある理念は単純である。可能であれば、裁判所は行政機関に白紙委任を与えないように法律を解釈すべきである。これはフラー的な理念であり、特に、法の内在道徳を促進するために考案されたものだ。そして、裁判所がこのアプローチに従う限り、一般的に、見かけ上は開かれた法律であっても、理解可能な原理を提供するように解釈し、それによって行政機関へのまるっきり無制約な権限付与を回避することができる。もしそうであれば、非委任からの異議申立てが成功することはほとんどないだろう。なぜなら、「実行可能性」の原理は、連邦最高裁がＳＯＲＮＡ法のなかで暗黙のうちに見出したように、連邦法には広く存在しているからである。そうした原理の全体が、立法権の委譲に対する憲法上の禁止を侵害すると宣言されるようなことは考えられない。

確かに、「新しいコーク」の賛同者たちの希望は即座に、Gundy事件のアリトー判事の同意へと集まった。アリトー判事は、場合によってはゴーサッチのような「明瞭性原理」テストの再構築を検討する用意があると示唆している。ただし、こうした宣言に過剰に反応するべきではない。連邦最高裁の現代の歴史を見れば、判事たちが広範な権限の委譲に不快感を示すような同意や反対意見が続けてなされている。しかし今のところ、こうした意見が実際に、非委任を根拠にして法律を無効にするような五人の判事による明確な多数決に至ったことは一度もない[10]。特に長官の行動は、たとえ自身が行政の権限を調整し、制約しようと望む範囲であったとしてもなお、先例を覆したり、行政の権限に新たに衝撃を与えるような制約を導入するための五票目を投じることにきわめて消極的であることを示唆している。これは後に Kisor v. Wilkie 事件および国勢調査事件（Department of Commerce v. New York）で再び取り上げる点である。

本書の目的にとって重要な点は、一九三五年以来、連邦最高裁の過半数が、憲法上の理由で行政機関への委任を直接に無効にする戦略を追求する意欲を持ってはいなかったということだ。むしろ、Gundy 判決が示すように、連邦最高裁は明らかに、行政権限の行使を調整し、形作るためのセカンド・ベスト戦略を追求している。この戦略は、第二章と第三章で議論したフラー的原理に基づく代替的保護策を発展させている。その特徴はプロセス志向と無理のない導出であるが、その根拠は権威あるテキストでははっきりしない。ただ、おおまかには「デュー・プロセス」や、行政手続法のもと行政機関の「恣意的で気まぐれな」意思決定を覆す権限を裁判所が与えられるという点に帰属できるだろう。

行政機関のルール解釈への敬譲

第四章の終わりで見たように、Kisor v. Wilkie 事件で連邦最高裁はアウアー法理を再確認し、その結果、行政機関自身によるルール解釈への司法敬譲に対する大規模な異議申立てを一掃した。ここでの焦点は、まるで白紙状態でアウアー法理の一次的な論点について議論することではない。連邦最高裁は、適切に調整されたバージョンのアウアー法理が今後も存続すると判断したようである。文脈を理解するために、問題の要点を示していこう。

仮に、連邦議会が明示的に厚生労働省、環境保護庁、連邦通信委員会に自身のルールの曖昧さを解釈する権限を付与するか、あるいはその権限を明示的に否定したとしよう。その指示は、憲法上の制約のもとで権威的なものとなるはずだ。続いての問いは単純である。連邦議会は実際にその権限を行使してきたのだろうか。全体として、あるいは特定の法令において。

この問いは、アウアー法理に直結する。行政手続法には、少なくとも明示的な文言でアウアー法理を支持したり、あるいは否定するものは何もない。連邦最高裁は「行政活動の用語の意味や適用可能性を決定する」ように指示されている。しかしおそらく、連邦議会は、一般に、あるいは具体的な例において曖昧さがある場合、ルールの意味は行政機関による解釈にかかっていると述べている。その場合、その解釈が理にかなっている限り、裁判所はそれに敬譲することによって、「意味を決定する」という自身の義務を果たすのである。だとすると裁判所は、立法によるルールが曖昧な場合、法律とは行政機関が述べるところのものであるというのかもしれない（たとえば、解釈ルールを通じて）。

確かに、連邦議会がそうした明示的な指示を出しているわけではないが、逆の指示も出していない。そう考えると、アウアー法理自体は二つの異なる方法で擁護されうる。一つ目は、行政機関の解釈者としての認識的な比較優位である。行政機関はおそらく、基礎となる立法ルールの実際の意味を最もよく理解しているだろう。アウアー法理の第二の擁護は、解釈者としての行政機関の認識的優位ではなく、政策決定者としての比較優位に着目する。この見方では、曖昧な規制の解釈は実際のところ、少なくとも大部分の場合、政策決定を行うことなのである。「〜に従う」といった規制の用語は様々な場合でさらなる具体化を、つまり政策判断が必要となる執行を必要とする。行政機関は政治的答責性とともに専門知識を有しているのだから、曖昧な規制は、そうした優位を持たない裁判所ではなく、行政機関によって解釈されるべきである。本当の曖昧さがあるとき、行政機関は政策決定の比較優位を有している。

アウアー法理の批判者たちは、いくつかの異なった懸念を持っている。その懸念はすべて、方法論について重要な問題を投げかけている。ある見解では、アウアー法理は行政機関にとって不幸な、危険でさえあるインセンティブを生み出すものである。つまり、「曖昧で広めに述べておくことで、遡及効のある『明確化』が可能な『柔軟性』を保持する」ということだ。[11] したがって、アウアー法理は楽観主義的な行動を促進する。行政機関は曖昧で広範な規制を発令しておき、いざ必要なときにはお好みの解釈を押し付けることができるのをよく知っているのである。

抽象的には、この懸念は確かに理解できる。アウアー法理があるとき、行政機関は曖昧なものを明確にすることの利益を知るだろう。アウアー法理がなければその利益はなく、したがって正確に表現しようとするかもしれない。しかし、アウアー法理が、動機づけられた邪悪な曖昧さ、つまり「権力濫用のための危険な許可証」に結びつくという考えが突きつけるのは、幻の恐怖である。実際のところ、アメリカの歴史のなかで、アウアー法理によって曖昧で広範に設計されたいかなるルールも我々は知らないし、誰もその例を示していない。[12] 理論的には、そういうことをした行政機関があった可能性を否定することはできない。しかし、証拠に基づく限り、リスクはきわめて小さいように思われる。

実際に、アウアー法理は規制を明確に書くインセンティブももたらしており、それを排除するとそのインセンティブも失われることになる。もし、行政機関が規制を曖昧なままにしておくならば、異なる価値観を持つ政権ができたとき、その規制を現在の行政機関が望むように解釈する保証はない。行政機関にとって曖昧さは、少なくともチャンスと同じぐらいに脅威なのである。ある政権は、後続の政権がアウアー法理の助けを借りて前の立場から変更することを許さないようにするかもしれない。複数の方向に向かう複数のインセンティブが存在するのであって、その正味の大きさはどうやっても不明確である。我々自身の見解は原理と経験の両方に基づいている。規制は本質的に曖昧さが避けられないし、通常は意図的でない。行政機関が重要な点で曖昧さを残しておいたり、あるいはそれを避けようと努力するとき、アウアー法理はその理由のほんの一部にさえならない。

アウアー法理の批判にはもっと根本的な異議もある。これは重装備であり、直観的なアピールもある。この判決は、法を作る権力と法を解釈する権力の憲法的に疑わしい組み合わせを生み出した。スカリア判事はモンテスキューを引用し、これが深刻な問題であると主張した。というのも、「立法と行政の権力が同じ人物にあわせ持たれるとき……自由はありえない[13]」からである。モンテスキューは「法を書く者は、その違反を判断してはならない」と結論づけた[14]。少なくともシェブロン法理は、連邦議会が制定したものを行政機関が解釈するためその分離を維持しているが、アウアー法理は行政機関が制定したものを行政機関が解釈するため、その分離を消し去ってしまう。議論はそのように進みかねない。

しかし、アウアー法理へのこの批判は不適切であるとともに広範囲すぎる。重要な点が三つある。

第一に、アメリカの公法における伝統的で主流の理解では、行政機関は法的に認められた権限の枠内で活動し、ルールを作り、またルールを解釈し、違反を裁決する。そのとき行使されるのは立法権や司法権ではなく、執行権なのである。第二に、権力分立からのアウアー法理批判、およびルールの制定と解釈の機能の組み合わせに対する批判は、誤ったレベルで行われている。権力分立は、憲法で規定されている主要な機関である連邦議会、大統領、および司法が、指定された機能を行使しながら、ルールの制定と解釈の権限を行政機関の手に結合させる権限の枠組みを制定し、承認する限り、完全に満たされる。憲法上の機関がしかるべく設置された方法で作動し、そうしたやり方が有効でありかつ賢明であると決定したのであれば、権力分立を尊重するためには、そのやり方を承認するのが適切である。逆に、憲法上の制度によって設置されたそれぞれの下部組織が、それ自体として一七八九年の憲法と同じ内部構造を持たなければならないという憲法ルールは存在しない。それは奇妙なフラクタルだろう。

第三に、行政機関における立法と解釈の機能の組み合わせが、その性質上、憲法的に疑わしいのであれば、アウアー法理以上に議論すべき大きな問題があるといえる。行政機関における機能の組み合わせは行政国家の特徴である。連邦通信委員会、連邦取引委員会、証券取引委員会、および多くの他の機関も同様に憲法的に疑わしくなるだろう。こうした機関はすべて、拘束力のあるルールを制定し、執行措置を講じ、違反を裁決する。その過程で、自身が作成したルールそのものを解釈しているのである。

権力分立からのアウアー法理への批判には、どこか過熱した、乱暴なものがある。行政機関が「～

に従う」といった表現や「診断」といった単語を、テキストの意味の範囲内で解釈することが許されるとき、憲法の自由は本当に危険にさらされるのだろうか。「綴じられた本」？「日記」？曖昧さに直面するとき、ジェネラリストの判事で構成される裁判所がそのような用語を独自に解釈する場合には、憲法の自由はそれほど危険ではないのだろうか。行政機関の解釈はしばしば、規制対象の集団の自由を制約するよりもむしろ、増大させる。つまり、そのメンバーに対して望むような行動を実際に行うことができると告げるということだ。難しい事件で、曖昧な事柄の司法解釈がしばしば、共和党と民主党の指名者とではっきり予測可能な、異なる意見が反映されるような政治的判断をともなうことは問題だろうか。我々は一般的に、隙間があったり高度に専門的だったりする判断を話題にしているが、そこで行政機関が曖昧な用語（「日記」など）を言語として許容される方法で理解していることは問題だろうか。

アウアー法理と代替保護策

こうしたことを述べたところで、メリットを再び議論することが要点なのではない。抽象的にいえば、アウアー敬譲の憲法上の許容性とメリットについては、理にかなった人々の間で意見が分かれうるし、実際そうである。連邦最高裁は長い間、この法理の再考を求める上訴を却下してきたが、最終的に、制度的にいえば Kisor v. Wilkie 事件でその意思を決めた。[15] この事件では、行政機関が自身のルールの解釈への司法敬譲に対する全面的な異議を退けた。連邦最高裁のアプローチは、行政機関の権限を直接的に憲法上の制約で制限することではなかった（Gundy事件の教訓）、また法令および規制の条文の完全に独立した司法解釈を主張することでもなかった。代わりに、連邦最高裁は、規制対象の信頼利益を長期間にわたって考慮に入れながら、行政機関が十分に熟慮された公的判断を行うための一連の保護策を明確にしようとしてきた。

Kisor v. Wilkie判決の相対多数意見は、アウアー敬譲について、次のような制約を明示した。すなわち、解釈されているルールは本当に曖昧であること。行政機関の解釈が理にかなっていること。行政機関の解釈に「権限があり」、あるいは「公式の」立場である以上、その解釈の「性質と文脈」が敬譲を保証するものであると示さなければならないこと。行政機関の実質的な専門知と関連していること。「事後的な合理化」ではなく、行政機関の「公正で熟慮された判断」を反映していること(16)。相対多数意見の言葉によれば、「ここに現れるのは、ある種の人々が望むほどには従順でない、しかし恐れるほどの脅威でもない敬譲の法理である(17)」。

ケーガン判事のKisor事件における相対多数意見は、行政機関の意思決定が行われるレベルとその時間的な一貫性に注目し、現在の連邦最高裁の均衡を捉えており、我々のテーマを完璧に示しているように思われる。リバタリアン‐原意主義者が熱望するような、まったく最初からの司法の全面的かつ直接的な解釈権限の宣言ではなく、代わりに、連邦最高裁の重心は代替保護策のアプローチにある。

法的枠組みとしてのシェブロン

シェブロン法理はどうだろうか。ロバーツ長官のもと連邦最高裁はかなり頭を悩ませており、その運命はまだ決まっていない。この話題については容易に一冊まるごと本が書けるだろう。ここではアウアー法理に関する議論を参照し、代替保護策の重要な役割を示すことで簡単な覚え書きとしたい。また、Wong Yang Sung 法理から導き出された原理と共鳴するように、適切に制約されたシェブロン法理は行政機関による法解釈に関する法的問題の審査のための包括的な枠組みとして、また、競合する見解が、不安定な均衡でありながらも安定に達しうるような枠組みとして、最もよく理解されることも述べたい。このように、Kisor 判決で示された網目状の枠組みを通じて行われたアウアー敬譲の再確認は、これから説明するように、連邦最高裁の法理論で示されたシェブロン敬譲の網目状の枠組みと同様である。

現状の不安定さについて。ゴーサッチ判事は、シェブロン法理は「法が何であるかを言う仕事を司法府から行政府に移す[18]」ものであるとして反対する。トーマス判事は、シェブロン法理は合衆国憲法と整合しないと主張する[19]。その見解では、この判決は「連邦最高裁から『何が法であるか』を言う究極的な解釈権を奪い、行政府に移す[20]」ものだという。ロバーツ長官は、シェブロン法理の適用範囲を制限する方法を模索している[21]。「合衆国憲法の起草者たちは、今日の『広範で多様な連邦の官僚機構』や、行政機関が経済、社会、政治活動に対して持っている権限を想像するのは難しかっただろう」[22]と述べている。長官はさらに付け加える。

シェブロン法理が適用されるとき、それは規制行政機関の強力な武器となる。連邦議会による行政機関への権限委任はしばしば曖昧であり、「メッセージよりも気分を表現する」ものとなる。設計されたのか、元々そうなのかはともかくとして、連邦議会は行政機関が直面している「具体的な問題」に答えられないことが多い。そのように答えがない場合、行政機関の解釈は、それが「許容された範囲を超えない限り」法律としての完全な力と効果を持つ。……この結果を「専制の真の定義」[23]とまで言い表すのはやや誇張かもしれないが、行政国家の増大する力による危険は否定できない。

法的根拠の問題に焦点を当てると、カバノー判事はシェブロン法理を「裁判所によるテキスト外の創造」と述べ、「連邦議会から行政府への、司法によって御膳立てされた権力移行にほかならない」[24]としている。彼がさらに派手に述べるには、「行政府が法律の弱い解釈（しかし擁護可能な）を選択し、それに対して裁判所が敬譲するとき、登場人物の全員がその行政機関の法解釈は最善でないと思いつつ、しかしその解釈が法の力を有する、というように意見が一致するかもしれない状況になる。驚くべきことだ」[25]。それが驚くべきかどうかは別として、シェブロン法理は現代の行政国家の権力と正統性に関する懸念の火種となっている。

このなかの誰も、シェブロン法理が覆されるだろうとは述べていない。それは誰にもわからないし、予測は危険だが、我々は疑問を持っている。長官のKisor判例での同意意見は、連邦最高裁がシェブロンの問題を解決しなかったことを強調したが、彼の判決の基礎が先例（stare decisis）であったことは、予測可能な将来においてシェブロン法理を覆そうとする試みにとって不吉な兆候である。なぜなら、シェブロン法理は一九八四年以来、連邦司法制度のあらゆるレベルで何千もの事件に適用されており、その判決はそれよりもずっと古い起源を持っている。多くの点で、アウアー敬譲はより低い賭けであったため、アウアー法理を覆す決定をしたところで影響は少なかっただろう。したがって、批判者たちが述べているように、もし連邦最高裁がアウアー敬譲を覆すことに乗り気でないとするならば、シェブロン法理自体はなおさら安定していることになる。[26]

連邦最高裁が自身の敬譲原理を覆すことに対する組織的な抵抗は、アウアー法理の文脈と同様、シェブロン法理の文脈でも賢明であるだろうと思われる。批判は過度になされており、その背後にある正統な懸念は、一九八四年以降の数十年にわたって連邦最高裁が発展させてきた、適切に制約されたシェブロン法理のバージョンのうちで既に調整されている。現行のシェブロン法理は、これらの懸念に対処するための多くの代替保護策を組み込んでおり、同時に、複雑な現代の規制法と変化する状況での行政の政策形成の正統な要求に十分な余地を提供している。

別の言い方をすると、シェブロン法理を位置づけるのに適切な法理のジャンルは、我々の提案によれば、複数の部分、支点、または構成要素をもった法的な枠組みである。それらは内部で対立する懸念を調整する。[27]この枠組みが持続的な力を持つためには、柔軟で、調整がきかなければならない。というのも、競合する意見を持つ判事たちに訴えかけるために十分な柔軟性を持たなければならず、その枠組み内で判事たちは自分たちの立場を明確に示すことができるのである。現行のシェブロン法理はまさにこれを可能にし、行政国家に関するさまざまな競合する意見を調和させる一種の大局的な解決策を提供している。

シェブロンの名目的な二段階の枠組みは関係者にはよく知られたものだが、特に連邦最高裁が実際に述べたことに触れながら簡単に復習しておくとよいだろう。[28] 一九七七年の大気汚染防止法の改正によれば、企業が新しい工業施設を建設するか既存の施設を改造する場合、増加する汚染物質が法定の制限内に収まる限り、許可が必要である。[29] シェブロン法理の具体的な問題は、「施設」が単一の建物や煙突（環境団体が主張した）であるか、それとも工場全体（政府が主張した）でもよいかということだった。工場全体の定義は企業に大きな柔軟性を与える。工場全体の定義は、工場全体にある種のバブルを作り出し、企業が新しい汚染物質放出装置を建設したり、古いものを改造したりすることを可能にし、それらが合計法定限界を超えない限り許可を受ける必要がない。工場全体の定義に従えば、企業は工場内で新しい汚染物質放出装置を建設するかもしれないが、同時にその一部を不稼動にし、その方法で大気汚染防止法の許可要件を回避することができる。

多くの人が知っているように、「施設」の工場全体を含む定義は、レーガン政権によって採用されたもので、レーガン政権はカーター政権による狭い定義を拒否した。環境保護団体はレーガン政権に懐疑的で、環境保護庁の決定にことごとく異議を唱えようとした。彼らは、工場全体の定義は環境保護の観点から有害であり、大気浄化法の目的とも矛盾すると考えた。DC巡回区控訴裁判所もこれに同意した。[30] 同法廷は、特に環境問題において、長年にわたって積極的に行政機関の行動を審査しており、環境保護団体が好む方向へと行政機関に圧力をかけていた。

連邦最高裁はそのような文脈で枠組みを提示した。連邦最高裁の言葉を借りれば「第一に、つねに、問題となっている正確な問題について連邦議会が直接発言したかどうかが問題となる。連邦議会の意図が明確であれば、それで問題は解決する。裁判所も、機関と同様に、連邦議会の明確に表明された意図に従わなければならない」。第一段階は、連邦議会の指示が曖昧であるかどうかの調査を必要とすると理解されるようになった。もし曖昧であれば、裁判所は第二段階に進まなければならない。「法令が特定の問題に関して沈黙しているか曖昧である場合、裁判所の問題は、当局の回答が法令の許容される解釈に基づいているかどうかである」。第二段階では、裁判所は当局の解釈が正しいかどうかではなく、「許容されるかどうか」を問う。

現行法のもとでは、シェブロン敬譲は慎重に制限され、合法性と行政裁量に関する懸念に対処しようとする代替的な保護措置の網目状の教義の枠組みのなかに組み込まれ、同時に、そもそもシェブロンそのものを生み出した力にも対応していることが重要である。ここでは、最も顕著なものをいくつか紹介する。

1　委任：連邦最高裁が理解するようになったシェブロン法理は、しばしばシェブロン・ゼロ段階と呼ばれる。ルール作成や裁決の権限の付与は、その解釈が理にかなったものである限り、曖昧さを解釈する権限を暗黙のうちにともなうという先行判断に根ざしたものだ(31)。この考え方は、裁判所は関連する法律の問題を決定するが、その答えは連邦議会の指示により、当局の発言に左右される可能性がある、というものである。少なくとも、当局がルール作成や裁決の権限を持ち、法律が曖昧で、当局の解釈が理にかなっている場合には、この考え方が適用される。我々の見解では、連邦最高裁のアプローチは行政手続法にも合衆国憲法にも違反していない。

2　明確さ：第一段階では、政府機関に対する敬譲はない。ある法令用語が曖昧かどうかは、裁判所が独自に判断する。この問題に関して、行政機関はいかなる敬譲も受けることはない。これはシェブロンの重要な制限である。もし法令が曖昧であるかどうかを当局が言うことが許されるのであれば、第三編のもとで重大な問題が生じるかもしれない。しかし、現状では、裁判所が曖昧であると判断した場合にのみ、各省庁は解釈の権限を持つ。それがすべてとはいいがたい。とはいえ、曖昧な条項の道理的な解釈の余地があるという意味では、シェブロン法理がない場合よりも、シェブロン法理がある場合の方が、政府機関ははるかに有利である。[32]

別の言い方をすれば、シェブロン法理のもとでは、曖昧さがあるかどうかを判断する第一段階において裁判所はつねに独自の判断を下すことが求められる。"take" という単語が "sing" や "admire" や "sneeze" を意味することはありえない。裁判所が、その用語が曖昧であるという独自の判断を下して初めて、シェブロンの枠組みが適用されるのである。もし連邦議会が独自の判断を禁じるとしたら、つまり法律に曖昧さがあるかどうかを決めるのは裁判所ではなく政府機関であるとしたら、深刻な憲法上の問題が生じるであろうことは想像できるし、また強調すべきことでもある。しかし、シェブロンはそのような禁止を根拠としていない。それどころか、裁判所は、法令が本当に曖昧なのかどうかを判断する権利があるという意味で、運転席に座ったままである。

3 道理性：第二段階では、各省庁はつねにその解釈が理にかなったものであることを示す責任を負う。したがって、連邦議会が、法の効力を有する解釈を提供することを各省庁に課していると連邦最高裁が判断した場合（ゼロ段階）であっても、また、伝統的な解釈の手段がギャップや曖昧さを示している場合（第一段階）であっても、各省庁の解釈は、曖昧さを理にかなった解釈で表し、かつ、合理的な政策選択に基づくものでなければならない（ここで、連邦最高裁がしばしば観察しているように、第二段階は恣意性審査と重なる）。

4 重要問題と省庁の専門性：二〇一五年の重要な判決である King v. Burwell 事件において、ロバーツ連邦最高裁長官は、連邦議会に対し、医療費負担適正化法（Affordable Care Act）の下での政策に対する法令上の異議申立てを退けた[33]。本質的には二つの理由からであった。第一に、この問題は「経済的・政治的に重大な意味を持つ問題」であり、連邦議会はこの問題を省庁の意思決定に委ねていないと推定すべきである。第二に、この問題は保健政策に関するものであり、内国歳入庁の固有の権限から逸脱していた。これまでみてきたように、この二つ目の考え方は、Kisor 判決の複数意見のなかでケーガン判事によって類推によって取り上げられたもので、ケーガン判事は、当局の解釈は「何らかの形でその実質的な専門性に関わるものでなければならない」と示唆した[34]。

King v. Burwell 判決におけるロバーツ長官の意見は、シェブロン法理の将来を予見させるものである。法令解釈に対する司法当局の敬譲は、何らかの形で今後も続くだろう（アウアー敬譲に反対を表明した過去と現在の判事の何人かは、シェブロン敬譲のより急進的な批判に加わろうとしなかった）。シェブロン法理は、司法の敬譲のための広範でオープンエンドなミニ憲法であり、多様なアプローチを容認し、取り入れる生存規範のようなものである。将来的には、Kisor 事件におけるケーガン判事の意見のようなものが、すぐれた指針となるだろう。シェブロン法理を維持しつつも、法令が法解釈権限を行政官に委任しているかどうか、法令に曖昧さが含まれているかどうか、そしてそれらの曖昧さに対する行政官の解決が理にかなったものであるかどうかを判断するのは、行政官ではなく裁判官であることを主張している。

恣意性審査、口実、整合性

我々は、アウアー敬譲とシェブロン敬譲の両方に関して、連邦最高裁が展開してきた一般的なアプローチを提唱してきた。それは、代替保護策アプローチであり、このアプローチでは、行政機関は広範な権限を享受するが、その権限は行政法の道徳によって形成され、制約される。この同じアプローチが、二〇一八年期で最も政治的に分裂した事件である国勢調査事件（Department of Commerce v. New York）を支配した。(35)

原告側が強く主張し、下級裁判所が採用したケースもあるが、その一つの立場は、列挙条項に基づく憲法上の理由か、連邦議会の国勢調査権限を長官に委任する法令に基づく法令上の理由のいずれかに基づいて、市民権に関する質問を追加することは、商務長官の権限を超えるものであると宣言することであった[36]（ここでGundy判決との比較対照が興味深い。国勢調査事件では、基本的に制約のない法定文言の下での広範な委任について、多数意見はそれほど懸念していなかった）。さらに多数意見は、下級審での仮定とは逆に、行政法の法理には何の根拠もない仮定であるが、行政機関の長は職員の専門家の勧告に拘束されることはなく、その勧告に従わないことについて裁判所に特別な正当化の義務を負うものでもないことを強調した。最後に、同裁判所は、不確実性のもとでの予測的な行政機関の判断に対して、強く偏った態度をとることを明示的に採用した。

しかし同じ意味で、アリトー判事が反対意見で主張したように、関連する問題を「法律により機関の裁量に委ねられている」、したがって行政手続法下では審査不能であると断定することは、多数派には不本意であった。多数派は、行政手続法第七〇六条に基づく司法審査の権限により、主な審査可能基準の下で「適用すべき法律」が存在すると考えた。これは、「適用すべき法律がない」基準を明確に拡大解釈したものと見られるかもしれない。というのも、これらの要件は、少なくとも間違いなく、機関の行動にはつねに存在するものであり、審査可能性を判断する目的においては、つねに適用すべき法律が存在するといえるからである。連邦最高裁はおそらく、「法律により機関の裁量に委ねられている」機関行為の例外を根本的に制限するつもりはないのだろう。その審査可能性に関するアプローチは、機関の実質的な権限の範囲に関しては容認的であるが、行政機関がその権限を行使する手続き上の方法やその理由には慎重であるという、連邦最高裁のアプローチの両面的な性格を強調するものである。

棄却された両アプローチ、すなわち当局の権限範囲に実質的な制限を設ける、あるいは当局の裁量を完全に審査不能とするアプローチとは対照的に、連邦最高裁は、「代替保護策」アプローチを強く彷彿させる、そして我々の目的にぴったり合う、異なる戦略を追求した。行政手続法の恣意性・専断性テストに基づき、行政機関の理由づけの口実を限定的かつ制約された形で分析するものである。連邦最高裁による口実分析は、（表明された理由が理にかなったものである限り）当局がその決定に対して表明された理由と表明されなかった理由の両方を有している場合には適用されないことを明示する限りにおいて、顕著に限定的なものであった。それにもかかわらず、連邦最高裁は、「異例な状況」においては、審査裁判所が、その機関の行動全体の経過に照らして、その機関が唯一述べた理由を口実と断定し、その結果、その機関によるさらなる説明や軌道修正を求めて差し戻す可能性があることを明白に示した。

この救済策を単純に理解すると、連邦最高裁は、前時代的な正当化に関与した政府機関に対し、その理由をその行為と一致させるよう指示するということである。このように、口実審査は、フラーの「法を作成できない八番目の方法」の応用として理解するのが最も適切である。「公表されたルールと実際の運用が一致しないこと」である。積極的にいえば、法にかなった政府のふるまいの必要条件、極端な言い方をすれば、合法性の最低要件は、公表された正当化理由が、それを述べた公職者の実際のふるまいと衝突するようなものであってはならないということだ。

行政法の道徳のすべての原理と同様に、これは二者択一ではなく、尺度や連続体である。法律が行為に対する正当性の調整に対して厳格な精査を与えている限られた文脈以外では、行政機関は、たとえその行政機関が行うすべての行為と正確に一致しなくとも、法的に理にかなったもっともらしい正当化理由を提示する十分な余地がある。それにもかかわらず、Department of Commerce v. New York 判決は、行政的合理性が行政機関の行動と本質的に無関係であるような不一致の程度は、行政機関が恣意性審査の目的上、その理由を法的に認識可能な形で表明していないような、立法の完全な失敗である、といっていると理解するのが適切であろう。これはフラーの真骨頂である。

これはいわゆるハードルック審査が行政活動の司法審査における規範のようなものであるという見解を支持するものではないし、とりわけ連邦最高裁のレベルではまったくそうでない[37]。実際、連邦最高裁は、国勢調査に市民権の質問を含めることは、帰結の本質的な不確実性を考慮すれば、まったく理にかなった行動であったはずであり、もし国勢調査局が透明性のある、口実でない正当化理由を提示していたならば、ときわめて明確に判示している。ここでも、連邦最高裁のアプローチは行政法の道徳に根ざしている。連邦最高裁は、行政機関の政策選択に実質的な精査を加えるのではなく、行政機関の行為が合法であるための最低限の前提条件が守られていることを確認するために行動している。これはまさに、行政活動の支持者と批判者、双方の論争の的となる意見を受け入れようとするものであり、行政国家に対する批判者を活気づける法の支配に関する究極的な懸念に対処しつつ、政策の主導権をとるための広い範囲を認めようとするものである。連邦最高裁の救済事業は、法の道徳の内在的原理と論理を引き出し、形式化することによって、行政国家を抑制するのではなく、むしろ正統なものとしようとしている。

むすび

一九三〇年代と同様のことが、この二一世紀の最初の二〇年にもあてはまる。行政国家での広範な裁量権の行使は、政治プロセスにおいてだけでなく、憲法問題としても根本的な攻撃にさらされている。しかしそれぞれの行政機関や活動をじっくりとみるならば、その攻撃の説得力は大きく弱まるだろうと我々は考えている。国防省、国務省だけでなく、農務省、商務省、運輸省、エネルギー省、保健福祉省、そして環境保護庁なども含めた政府機関を考えてみよう。これらはすべて連邦議会によって創設されたものであり、多くの場合、同じく連邦議会によってその裁量が大幅に制限されている。また、あらゆる場合において大統領による継続的なコントロール下に置かれている。

あるいは、連邦準備制度理事会、連邦通信委員会、連邦取引委員会、消費者製品安全委員会、社会保障庁、原子力規制委員会などの独立機関についても考えてみよう。これらもすべて、連邦議会が作り出したものである。同様に多くの場合、その裁量は厳しく制限されている。こうした委員会は大統領による継続的なコントロールを受けることはないのだが、そのメンバーは大統領によって任命される。その政策は、大統領の意向に沿ったものになりやすい。

単に歴史の問題としても、現代の行政国家が元々の合衆国憲法の第一編、第二編、第三編のどこかに引かれた線を踏み越えているのだと示すのは簡単ではない。踏み越えがあったという主張のうちの目ぼしいものは、歴史的事実ではなく、レトリックの結果でしかなかった。もし、仮にそうした主張が擁護されるとしても、多くの人々は「原意主義者」ではないのだ。もちろん、合衆国憲法の条文に拘束力があることには広範な同意があるだろうが、条文の意味が一七八七年当時の人々が考えたことによって確立されている、とまでは同意されない。

民主主義、自由、あるいは公共の福祉に関心を持つとき、現代の行政国家には、反対ではなく賛成すべき余地がいくらでもある。現代の統治において、連邦と州の行政機関はまぎれもなく民主的な意思の産物である（自己利益を追求する民間団体の役割を考慮に入れたとしても）。行政機関は場合によって自由を促進する。少なくとも、論争にさらされている理念を特定の形で実現するとき、その限りでそうしている。行政機関は共通善を促進し、人々の福祉を向上させることができるし、また実際に多く行っている。費用便益分析を好まない人々も多いが、少なくとも福祉を気にかけるのであれば、行政機関の活動による利益が、多くの場合に、しかも大きな差をつけて費用を上回ることは注目に値する。

行政機関の活動には深刻な憲法問題を引き起こしているものがあることを我々は認めるし、また多くの読者が、我々が本書で描いた絵があまりにもバラ色であると思うだろう、ということも強く自覚している。この世界はあらゆる可能世界のうちの最善のものとはとてもいえない［訳注：ライプニッツの最善世界説のもじり］。行政機関が法律に違反することもある。ときに恣意的に活動することもある。不公平なこともあるし、強力な私的利害の影響を受け、そのいいなりになることさえある。自分たちの専門的知識を使わないこともある。自由を脅かすこともある。福祉を低下させ、共通善に反する活動をすることもある。

本書での中心的な主張はせいぜい、アメリカの行政法は、法の内在道徳を反映した独自の内在道徳を有しているということだ。この内在道徳は、行政国家に深く懐疑的な人々の批判や懸念の多くを受け入れるものである。行政機関を廃止するのではなく、共通善を促進するのに役立つ合理的秩序としての法の支配の古来の理念を構成する、とはっきりいえるような一連の原理を主張することによって、行政権を強化するだけでなく、整序する。これは違憲審査ではなく、法への忠誠を促進し、理由に基づいた正当化を要請するためのチェックと限界づけであり、代わりの保護策となるものである。重要なのは、この両者〔権力の強化と整序〕が行政国家を形作り、正統化し、行政機関の活動を恣意的な命令ではなく、法として有効なものにするのに役立つということだ。

これは法や法理論、特に行政権に関する法において最も古い考え方の一つである。一三世紀のブラクトン（Henry de Bracton）によるイングランド法の記述では、国王についてとてもよく似たことが述べられている（これはフラーの説に影響を与えたかもしれない）。ブラクトン（またはブラクトンの説として解釈されたもの）によれば、「法が王を作るのだから、法が王に与えるものを、王も法に与えさせよう。すなわちルールと権力を。というのも、法（lex）ではなく意思が支配するところに王（rex）は存在しないからだ[1]」。ここで重要なのは、法が「王」の地位と仕事を構成するのであり、法の支配はそれ自体、王としての支配の有効性の前提条件であるということだ。このことをしかるべくいい直し、修正したのが、行政法の道徳についての我々の基本的主張である。この手続的原理は行政活動を構成し、それを法として有効なものにするために行政活動を導く。この結果はヤヌスの顔のように二重性をもつ。行政法の道徳原理は、行政国家に力を与え、また制約する。この二重性ゆえに、「はじめに」で説明した行政法の基本的な目的である、「長く続く、困難な論争」を解決し、「対立する社会的・政治的勢力が依拠できるような公式を作り出す[2]」にあたって、この原理が役立つという希望がもてるのである。

我々の見解では、行政法の道徳は祝福すべきものである。アメリカ合衆国がそれに従って生き続けている限り、アメリカ人が感謝すべきものである。そして、それは控えめな形であっても重要な棘を持っている。祝福だけでなく、改革の意味も込められているのだ。さまざまな領域で、そして世界中で、我々は行政法の道徳にもっと忠実にならなければならない。

謝辞

我々は多くの人々に感謝の気持ちを抱いている。ジェイコブ・ガーソン、ピーター・カランジァ、エリック・ポズナー、ダフナ・レーナン、デヴィッド・ストロース、そしてフランシスコ・ウルビナから貴重なコメントをいただいた。二名の匿名の査読者からは有益なコメントと全般的な視点を提供していただいた。ディニス・チェイアン、マッディ・ジョセフ、ティアナン・ケイン、そしてザカリー・マンリーからは、素晴らしい提案と不可欠な研究支援をいただいた。特にディニスには、通常の職務をはるかに超えた支援をしていただき、感謝している。また、ハーバード大学ロースクールの二人の素晴らしい学部長、マーサ・ミノウとジョン・マニングにも、さまざまな形でのサポートに感謝している。我々の本のエージェントであるサラ・チャルファントには、その賢慮と支援に対して永遠の感謝をしている。そして、一九七〇年代にハーバード大学での学部コースでロン・フラーの法の道徳に関する見解を紹介してくれたロイド・ワインレブに特別の感謝を捧げたいと思う。

第一章の一部は、最初に “The New Coke: On the Plural Aims of Administrative Law,” The Supreme Court Review (2015): 41-88 で公開された。第二章、第三章、第四章には、最初に “The Morality of Administrative Law," Harvard Law Review 131: 7 (2018): 1925-78 で公開された文章が含まれている。第四章の最終節のバージョンは、最初に "Neo-?," 133 Harvard Law Review Forum 103 (2020) で公開された。これらの論文をここで引用する許可を与えてくれたジャーナルの編集者に感謝する。

訳者解説

吉良貴之

本書は Cass R. Sunstein & Adrian Vermeule, *Law and Leviathan: Redeeming the Administrative State*, Harvard University Press, 2020 の全訳である。本書は一方にいわゆる「行政国家」化の進展、他方に近年のアメリカ司法の保守化傾向を置き、両者のあるべき姿を追究する「行政法哲学」の試みである。その基本的な姿勢は、公法学者・法哲学者であるロン・L・フラーの「法の内在道徳」をアメリカ公法の基礎に見出そうとするものである。ここで検討されている裁判例はアメリカのものであり、本書は第一にアメリカ公法の研究であることはいうまでもない。しかし、行政国家化の進展と、それに対する司法のあり方という課題は日本を含め、先進諸国に共通するものといえる。したがって本書の洞察の重要部分は日本の公法を考えるうえでも十分に役立つと思われる。

本書は、アメリカ公法史におけるいくつかの重要な裁判例と、それに基づく法理を軸としながら論述が進められる。本書を読むにあたってその細かい内容を知っておく必要はないのだが、本文中の説明はそれほど詳しくない。したがって、頻出のいくつかについて、この解説で確認しておくのが有益だと思われる。以下「新しいコーク」「非委任法理」「シェブロン法理」「アウアー法理」「法の内在道徳」について、要点を述べておく。

【新しいコーク（New Coke）】　行政国家状況における行政権の肥大化を、権力分立に違反する事態として批判する論者たちを指す。「コーク」は、イギリスの法律家エドワード・コーク（一五五二―一六三四年、「クック」と表記されることも）にちなんでいる。コークはイギリスのステュアート朝、ジェームズ一世の専制政治を批判し、国王に対するコモンローの優位を説いた。「新しいコーク」として、サンスティーンとヴァーミュールの当初の二〇一六年の論文（"The New Coke: On the Plural Aims of Administrative Law," *The Supreme Court Review*, Vol. 2015）では、トーマス、アリトー、スカリアといった連邦最高裁の保守派判事らがあげられているが、本書ではゴーサッチ判事がその代表と位置付けられている。合衆国憲法の原初の意味から権力分立を主張する原意主義ではなく、あくまで現代の「生ける立憲主義」「コモンロー立憲主義」の運動として捉えるところにサンスティーンとヴァーミュールの独自性があるといえる。

【非委任法理（non-delegation doctrine）】　合衆国憲法第一編の立法権を行政機関に包括的に授権（委任）することを禁止する法理をいう。「授権禁止」「委任禁止」法理とされることもある（以上、後掲・辻二〇二三：一三三）。古くは一九二八年の連邦最高裁によるJ. W. Hampton, Jr. & Co. v. United States判決で示され、委任に際しては連邦議会が行政を導くための「明瞭な原理（intelligible principle）」を示す必要があるとされた。もっとも、連邦最高裁においてそれが十分に支持されてはこなかったという見方が主流であったが、二〇一九年のGundy v. United States事件におけるゴーサッチ判事の反対意見を契機として議論が活発化している。その詳細と、サンスティーンとヴァーミュールによる評価は本書一二三頁以下を参照。

【シェブロン法理（Chevron doctrine）】　一九八四年の Chevron U.S.A., Inc. v. Natural Resources Defense Council, Inc 判決において連邦最高裁によって示された、行政のルール解釈に対する司法の敬譲についての法理。現代アメリカ行政法において最も重要な法理の一つとされる。曖昧なルールの解釈につき、連邦議会が直接に言及していない問題については行政機関のルール解釈が不合理でない限り、司法はそれを尊重（敬譲）すべきであるとされた。その審査は「第一段階」で連邦議会の意図がそもそも曖昧であるかどうか、曖昧であるとすれば「第二段階」でその曖昧さが意図的なものであるかどうかが判断されるとした。もっとも、この法理の適用範囲は徐々に狭められ、サンスティーンは二〇〇六年の論文（"Chevron Step Zero," 92 *Virginia Law Review* 187）で、その前段階として、連邦議会が行政機関や裁判所にルール解釈の権限をもたせようとしているかどうかが審査されなければならないとした。本書一三九頁以下参照。

【アウアー法理（Auer doctrine）】　一九九七年の Auer v. Robbins 判決において連邦最高裁によって示された、行政のルール解釈に対する司法の敬譲についての法理。シェブロン法理は曖昧な法令の解釈権限を問題にするが、アウアー法理は行政機関自身が作成した曖昧なルールの解釈権限の問題である。そこでは明白な誤りや矛盾がない限り、司法は行政機関の解釈を尊重（敬譲）しなければならないとされた。もっとも、二〇一九年の Kisor v. Wilkie 判決以降、この法理の適用範囲も狭められているとされる。詳細とその評価については、本書七二頁以下、および Kisor 判決への言及箇所を参照。

【法の内在道徳 internal morality of law】 アメリカの法哲学者ロン・フラー(一九〇二―一九七八)が一九六四年の著書 *Law and Morality*(稲垣良徳訳『法と道徳』、有斐閣)で示した、法が法であるための八条件を指す(本書四一頁)。この一般性や遵守可能性といった形式的要件は「手続的自然法」として理解され、フラーによればそれは法にとって最低限必要な「義務の道徳」と、よりよい法を目指すための「熱望の道徳」の二つの側面を有するとされた。この法と道徳の結びつきをめぐって、イギリスの法哲学者H・L・A・ハートとの間で有名な「ハート＝フラー論争」が展開された。本書は全体として、このフラー的原理をアメリカ行政法に内在する原理として位置づけようとしている。

本書で扱われている内容について日本語で読める研究書・論文はそれほど多くないが、辻雄一郎『シェブロン法理の考察』(日本評論社、二〇一八年)、辻雄一郎『行政機関の憲法学的統制――アメリカにおけるコロナ、移民、環境と司法審査』(日本評論社、二〇二三年)は、本書が扱っている範囲の多くをカバーしている(特に後者)。本書の翻訳および解説にあたってもおおいに参考にさせていただいた。ほか、概説的なものとして、リチャード・J・ピアース『アメリカ行政法』(正木宏長訳、勁草書房、二〇一七年)はこの分野全体をコンパクトにまとめている。

著者の紹介

本書はハーバード大学ロースクールの公法学担当の同僚である、キャス・サンスティーンとエイドリアン・ヴァーミュールによる共著である。両者はこれまで、いくつかの論文を共著で発表しているが、著書一冊での共著は初めてである。費用便益分析への態度など、両者のスタンスに違いがあることも述べられているが、本書全体としては基礎理論的な作業が中心であるため、特に役割分担をしているというよりは、そのまま両者の共著として読んでよいと思われる。

キャス・サンスティーン（一九五四―）は現代アメリカ公法学を代表する研究者であり、きわめて多数の著書・論文がある。その関心は狭義の公法学にとどまることなく、法哲学的な基礎理論にも造詣が深い。近年は行動科学の法学への応用に力を注いでおり、経済学者リチャード・セイラーとの共著『実践 行動経済学』（遠藤真美訳、日経BP社、二〇〇九年〔原著二〇〇八年〕）および『NUDGE実践 行動経済学 完全版』（遠藤真美訳、日経BP社、二〇二二年〔原著二〇二一年〕）で「ナッジ」（ひじでそっと押す、という意味）という語を世界的な流行語にしてみせた。ほか、オバマ政権時には行政管理予算庁の情報・規制問題室長も務めており、そこで経験した行政における「ルール」の考察が本書でも随所に生かされている。

サンスティーンの著書は日本語に翻訳されたものだけでも相当数があり、また分野も多岐にわたっている。ただ、本書のような公法基礎理論については、まだあまり紹介されていないのが実情かもしれない。基本的な主張を知るにあたっては、基礎理論的考察における重要な論文を集めた、那須耕介編・監訳『熟議が壊れるとき』（勁草書房、二〇一二年）が最も便利だと思われる。

もう一人の著者、エイドリアン・ヴァーミュール（一九六八―）は、サンスティーンに比べればだいぶ年少だが、同じく現代アメリカ公法学を代表する論者とみなされている。公法学の社会科学としての総合化を目指し、意思決定理論などの成果を存分に用いている点で、サンスティーンと共通するところが多い。代表作にアメリカ公法学の「制度論的転回」をもたらしたと評価される『不確実性下の判断（*Judging under Uncertainty*）』（二〇〇六年、未邦訳）、ほか『リスクの立憲主義（*The Constitution of Risk*）』（吉良貴之訳、勁草書房、二〇一九年〔原著二〇一四年〕）などがある。

近年は保守的な論調が目立っており、「ポスト・リベラル」時代の代表的なイデオローグと目されている。学術的な著作でそうした姿勢が前面に出ることは多くないものの、最近著『共通善立憲主義（*Common Good Constitutionalism*）』（二〇二二年、未邦訳）は近年のアメリカ公法学において原意主義に代わる保守的な主張として注目されている。本書『法とリヴァイアサン』ではイデオロギー的な主張は抑えられているが、原意主義批判の箇所などではそうした問題関心が表れているといえそうである。また、「共通善」概念を中世のローマ法に遡らせるなど、歴史的関心も強く、その一部は本書の憲法思想史的な部分に生かされているだろう。

本書は「行政国家の救済」という副題に示されているように、行政に対する司法の過度な敬譲を批判する立場（「非委任法理」の支持者など）に対し、その懸念を和らげるための行政法道徳の意義を説いている。その理論的背景としては、サンスティーンであれば熟議民主主義論と対になった「司法ミニマリズム」、ヴァーミュールであれば各制度機関の権限配分のあり方から見た司法の制度能力批判というように、もともと司法積極主義に対する批判的な視点がある。本書はそこから、行政権の望ましいエンパワメントのあり方へと、積極的な考察に進められている。

謝辞

本書は吉良が、ヴァーミュール『リスクの立憲主義』(勁草書房、二〇一七年)およびサンスティーン『入門・行動科学と公共政策』(勁草書房、二〇二一年)に続いて、単独で訳した。翻訳にあたっては、戸田舜樹氏(筑波大学大学院、憲法思想史)にチェックをお願いした。おかげでいくつかの誤りや、読みにくい箇所が改善された。もちろん、なお残る誤りの責任はすべて吉良が負うものである。

出版にあたっては、『リスクの立憲主義』に続いて、勁草書房編集部の山田政弘氏にお世話になった。山田氏は「基礎法学翻訳叢書」の創刊を進めるなど、本書のような法哲学・法学基礎理論の重要な著作を世に広めることに並々ならぬ熱意を持ってくださっている。私の能力不足ゆえにご期待に十分に応えられていないことを恐れているが、今後も重要な著作の出版のため、ご一緒できることを願っている。

本書を訳すに至った経緯は、直接には、前述のサンスティーンやヴァーミュールの著作を訳したり、関連する論文を執筆してきた延長にある。ただ、本書の翻訳に向けて背中を押してくださった、故・那須耕介先生には特別の感謝を捧げたいと思う。那須先生が本書について「訳す価値がある」と太鼓判を押してくださったことで、小著ではあるもののなかなかの難物である本書を訳す決心がついた。しかし先生はその後すぐ、あまりにも早く病魔に倒れてしまった。本訳書をお目にかけることができなかったことを心より残念に思っている。

那須先生はサンスティーンらの著作の法哲学的意義に早くから注目し、前述の『熟議が壊れるとき』の編・監訳を行ったほか、いくつかの重要な論考を執筆されてきた。特に、没後刊行された著書『法、政策、そして政治』（勁草書房、二〇二三年）は、法学的・政策学的・政治学的思考が交差する、視野の広い論考を集めている。そこで示された批判的視点は本書『法とリヴァイアサン』を読むうえでも重要な示唆を与えてくれる。

那須先生とは、サンスティーンらのナッジ論の検討（那須耕介・橋本努・吉良貴之・瑞慶山広大『ナッジ！したいですか？されたいですか？――される側の感情、する側の勘定』勁草書房、二〇二〇年）でご一緒させていただいたほか、さまざまな機会に温かい励ましの言葉をいただいてきた。今となっては遅すぎるが、本訳書の公刊によって、そして今後の仕事によって、那須先生の学恩に少しでも報いられることを願っている。

勁草書房の本

基礎法学翻訳叢書第１巻
現代法哲学入門
アンドレイ・マーモー／森村進 監訳

3,630円

基礎法学翻訳叢書第２巻
データセキュリティ法の迷走
情報漏洩はなぜなくならないのか？

ダニエル・J・ソロブ、ウッドロウ・ハーツォグ
小向太郎 監訳

3,960円

基礎法学翻訳叢書第４巻
法哲学の哲学
法を解明する

ジュリー・ディクソン／森村進 監訳

4,400円

法解釈の問題

アントニン・スカリア／高畑英一郎 訳

4,620円

表示価格は2024年2月現在。
消費税10%が含まれております。

基礎法学翻訳叢書　第3巻
法とリヴァイアサン
行政国家を救い出す

2024年2月20日　第1版第1刷発行

著　者　キャス・サンスティーン
　　　　エイドリアン・ヴァーミュール
訳　者　吉　良　貴　之
発行者　井　村　寿　人

発行所　株式会社　勁　草　書　房
112-0005　東京都文京区水道2-1-1　振替　00150-2-175253
（編集）電話　03-3815-5277／FAX　03-3814-6968
（営業）電話　03-3814-6861／FAX　03-3814-6854
平文社・松岳社

©KIRA Takayuki　2024

ISBN978-4-326-45137-1　　Printed in Japan

JCOPY ＜出版者著作権管理機構　委託出版物＞
本書の無断複写は著作権法上での例外を除き禁じられています。
複写される場合は、そのつど事前に、出版者著作権管理機構
（電話 03-5244-5088、FAX 03-5244-5089、e-mail: info@jcopy.or.jp）
の許諾を得てください。

＊落丁本・乱丁本はお取替いたします。
ご感想・お問い合わせは小社ホームページから
お願いいたします。

https://www.keisoshobo.co.jp

■著者

キャス・サンスティーン（Cass R. Sunstein）
1954年、アメリカ生まれ。ハーバード大学ロースクールを修了した後、アメリカ最高裁判所やアメリカ司法省に勤務。1981年よりシカゴ大学ロースクール教授を務め、2008年よりハーバード大学ロースクール教授（公法担当）。オバマ政権では行政管理予算局・情報政策及び規制政策担当官を務めた。公法基礎理論、熟議民主主義理論、行動科学と法、動物の権利論など、多くの分野にわたって膨大な著書・論文がある。邦訳として『#リパブリック』『選択しないという選択』『熟議が壊れるとき』『命の価値』『入門・行動科学と公共政策』（以上、勁草書房）など。

エイドリアン・ヴァーミュール（Adrian Vermeule）
1968年、アメリカ生まれ。アントニン・スカリア連邦最高裁判事のクラークなどを務めた後、2006年よりハーバード大学ロースクール教授（公法担当）。アメリカ憲法学における「制度論的展回」の主導者。特に不確実性下の判断に関する司法の能力に懐疑的であり、司法審査に消極的な姿勢をとる論客として知られている。近年はカトリック統合主義の立場からの保守的主張も目立っている。著書に *Judging under Uncertainty*, Harvard University Press, 2006、*The Constitution of Risk*, Cambridge University Press, 2014（吉良貴之訳『リスクの立憲主義』勁草書房、2019年）、*Common Good Constitutionalism*, Polity, 2022など。

■訳者

吉良 貴之（きら　たかゆき）
1979年高知市生まれ。東京大学法学部卒業、東京大学大学院法学政治学研究科博士課程満期退学。日本学術振興会特別研究員などを経て、愛知大学法学部准教授。主な研究テーマは世代間正義論、法の時間論、法と科学技術、およびそれらの公法上の含意について。主な論文として「世代間正義論」（『国家学会雑誌』119巻5-6号、2006年）、「将来を適切に切り分けること」（『現代思想』2019年8月号）など。翻訳にシーラ・ジャサノフ『法廷に立つ科学』（監訳、勁草書房、2015年）、キャス・サンスティーン『入門・行動科学と公共政策』（勁草書房、2021年）などがある。
◆ウェブサイト：http://jj57010.web.fc2.com

事項索引

■ア行

■カ行

■サ行

■タ行

■ハ行

■マ行

■ラ行

人名索引

■マ行

■ラ行

裁判例索引

原　注

はじめに

(1) Gary Lawson, *The Rise and Rise of the Administrative State*, 107 Harv. L. Rev. 1231, 1240–41 (1994); Philip Hamburger, Chevron *Bias*, 84 Geo. Wash. L. Rev. 1187 (2016). この見解は以下の文献で強く、そして長めに擁護されている。Joseph Postell, Bureau cracy in America (2017).

(2) Richard A. Epstein, How Progressives Rewrote the Constitution (2006).

(3) Theodore Lowi, The End of Liberalism (2009); David Schoenbrod, Power Without Responsibility (1995). 参照、Postell, *supra* note 1. 同様にこのテーマを強調しているが、特に原意主義の資料を参照している。

(4) 我々は、こうした正統性の危機の主張に事実の裏付けがあるとは必ずしも思っていない。本文で説明しているように、ここでの基本的な目的は批判者たちの立場に合わせ、できるだけ内在的にそうした懸念に対応するため、我々自身の見解をひとまず保留して対応することである。我々のうちの１人の見解について参照、Adrian Vermeule, *Bureaucracy and Distrust*, 130 Harv. L. Rev. 2463 (2017).

(5) 「正統性」という言葉が、法的、道徳的、社会学的な正統性を指すこともあるのは、おなじみのことである。参照、Richard H. Fallon, Jr., *Legitimacy and the Constitution*, 118 Harv. L. Rev. 1787 (2005). ここでの目的は法哲学ではないので、こうした意味から一つを選ぶ必要はない。典型的には、我々は法的正統性を指す意味で使うが、文脈によって別の意味が明らかになることもある。本書のプロジェクトにとって、この違いはあまり重要でない。なぜなら、これから論じるように、十分に重大な方法で、または十分に重大な程度で道徳的・社会学的正統性を欠くルールは、法的正統性さえ持たないかもしれないというのが我々の見解だからである。

(6) 原理的な問題について参照、Matthew Adler, Welfare and Fair Distribution (2011).

(7) この流れで影響力のある説明として参照、Stephen Breyer, Regulation and Its Reform (1981).

(8) Gillian Metzger, *1930s Redux: The Administrative State Under Siege*, 131 Harv. L. Rev. 1 (2017).

(9) Adrian Vermeule, Law's Abnegation (2016).

(10) Cass R. Sunstein, The Cost-Benefit Revolution (2017).

(11) 法的枠組みのカテゴリーについて参照、Adrian Vermeule, *Chevron as a Legal Framework*, Jotwell (October 24, 2017), https://adlaw.jotwell.com/chevron-as-a-legal-framework/

(12) 339 U.S. 33 (1950).

(13) 専門的な判示事項であっても単純に述べるのは難しいが、大まかにいうと、わずか4年前に制定された、当時の新しい行政手続法の機能分離の要求が、強制送還のケースにおける行政聴聞の手続きに暗黙のうちに読み取られるべきだったということである。そうしないと、このような聴聞が裁決行政官と検察官の双方として同時に行動する移民検査官によって行われた場合に生じる法のデュー・プロセスの憲法問題が回避できない。直接的な結果として、強制送還の審理における裁決と起訴の役割が分離された。この水準では、Wong Yang Sung 判決の半減期は喜劇的なほど短かった。判断が下されてから6ヶ月後、連邦議会は補正予算法の機会を利用して、強制送還の裁決における役割の組み合わせを明示的に提供することで、関連する移民法を明確な言葉で改正し、関連する憲法上の問題を回避不可能にした。1955年(ジャクソン判事の死の1年後)、連邦最高裁は疑いなく、この立法の決意表示に動かされ、Marcello v. Bonds, 349 U.S. 302 (1955) で憲法問題に直接に向き合い、役割の組み合わせをはっきり認めた。

(14) *Wong Yang Sung*, 339 U.S. at 40–41.

(15) 435 U.S. 519 (1978).

(16) Antonin Scalia, *Vermont Yankee, the APA, and the DC Circuit*, 1978 Sup. Ct. Rev. 345 (1978).

(17) *Vermont Yankee*, 435 U.S. at 523.

(18) もちろん、裁判官が「テキスト」に従うべきか、それとも「目的」に従うべきかについての激しく、長く続く議論があることは承知している。ここでその議論についての見解を述べるつもりはない。我々の唯一の目的は、ジャクソンがいう意味での目的を参照しながら、行政法システムに対するより大きな熱望を受け入れることであって、裁判官が特定のテキストを目的を参照しながら解釈すべきだと提案するものではない。

(19)　公法において問題を扱うセカンド・ベストの方法として参照、Adrian Vermeule, The System of the Constitution (2011).

(20)　この用語は以下で用いたもの。Cass R. Sunstein, *Interest Groups in American Public Law*, 38 Stan. L. Rev. 29 (1985).

(21)　Friedrich Hayek, The Road to Serfdom (1944)（西山千明訳『隷属への道（ハイエク全集I-別巻　新装版）』春秋社、2008年）; Lon Fuller, The Morality of Law (1962); Joseph Raz, *The Rule of Law and Its Virtue, in* The Authority of Law: Essays of Law and Morality 210, 210 (1986). 我々はフラーの理解を参照している。ラズの明快で鋭い、そして啓発的な説明は、それと両立する。

(22)　Antonin Scalia, *The Rule of Law as a Law of Rules*, 56 U. Chi. L. Rev. 1175 (1989).

第一章　「新しいコーク」

(1)　139 S. Ct. 2116, 2131 (Gorsuch, J., 反対).

(2)　135 S. Ct. 1199, 1213 (Thomas, J., 同調).

(3)　引用にあたって参照、Cass R. Sunstein and Adrian Vermeule, *Libertarian Administrative Law*, 82 U Chi. L. Rev. 393 (2015).

(4)　参照、Gundy, 139 S. Ct. at n.29, n.62, n.74; *Perez*, 135 S. Ct. at 1218, 1220.

(5)　参照、Joseph Postell, Bureaucracy in America (2017).

(6)　この結論のためには、多くの歴史的な研究が必要であることは承知している。有益な論じ方をしているものとして参照、Jerry L. Mashaw, Creating the Administrative Constitution (2012); Keith Whittington and Jason Iuliano, *The Myth of the Nondelegation Doctrine*, 165 U. Pa. L. Rev. 379 (2017).

(7)　コモンウェルス諸国でCoke（裁判官）がしばしばCook（コック＝料理人）と発音されることを知っている人たちへ。新しい料理人が食べられない料理を提供するという、異なったイメージをもとに書かれた架空の論文を想像してみてほしい。

(8)　たとえば参照、Adam Tomkins, Our Republican Constitution 5-88 (2005)（英国内戦前のスチュアート家とコモンローの裁判官との間の対立を詳述し、コモンローの裁判官が主に国王の法的主張を支持していたことを説明している）; Paul P. Craig, English Foundations of U.S. Administrative Law: Four Central Errors (2016).

(9) *Roe v. Wade*, 410 U.S. 113 (1973); *Obergefell v. Hodges*, 135 S. Ct. 2584 (2015); *District of Columbia v. Heller*, 554 U.S. 570 (2008). 我々は、現代の価値観に基づかないような、Heller 判決の妥当な論拠があることを認める。

(10) 力強い論述として参照、Charles Murray, By the People: Rebuilding Liberty without Permission (2015)(行政機関の権限濫用に対抗するための広範な市民的不服従を呼びかける)。

(11) The Federalist No. 47 (James Madison)(斎藤眞訳『ザ・フェデラリスト』岩波書店、1999 年、第 47 篇[マディソン])。

(12) Adrian Vermeule, The Constitution of Risk (2013)(吉良貴之訳『リスクの立憲主義』勁草書房、2019 年)。

(13) The Federalist No. 41 (James Madison)(『ザ・フェデラリスト』第 41 篇[マディソン])。

(14) 参照、The Federalist No. 70 (Alexander Hamilton), *in* The Federalist 471, 471-76 (1982) (Jacob E. Cooke, ed.)(『ザ・フェデラリスト』第 70 篇[ハミルトン])。

(15) 参照、Roscoe Pound, Administrative Law: Its Growth, Procedure, and Significance (1942). 同じく参照、*id.* at 132,「法の消失の理論が、絶対的な政治理論と並行して、それとともに発展してきたことを念頭に置かなければならない。(中略)絶対主義の真の敵は法なのだ」。同じく参照、Roscoe Pound, *The Place of the Judiciary in a Democratic Polity*, 27 A. B. A. J. 133 (1941). 先例について参照、Postell, *supra* note 2.

(16) たとえば参照、Geoffrey R. Stone, *King George's Constitution*, U. Chi. L. Sch. Fac. Blog (Dec. 20, 2005), http://uchicagolaw.typepad.com/faculty/2005/12/king_georges_co.html

(17) 一般的に参照、Randy E. Barnett, Restoring the Lost Constitution: The Presumption of Liberty (2013); たとえば参照、Douglas H. Ginsburg, *Delegation Running Riot*, 1995 Reg. 79, 83-84 (1995) (David Schoenbrod, Power Without Responsibility: How Congress Abuses the People through Delegation の書評)。

(18) F. H. Buckley, The Once and Future King: The Rise of Crown Government in America (2015); Philip Hamburger, Is Administrative Law Unlawful? (2014).

(19) Free Enter. Fund v. Pub. Co. Accounting Oversight Bd., 561 U.S.

477 (2010).

(20) しかし、この効果の古典的な議論はアメリカ人によるものではない。参照、Max Weber, *The Reich President*, 53 Soc. Research 125, 128-32 (1986).

(21) 138 S. Ct. 2392 (2018).

(22) 553 U.S. 723 (2008); 552 U.S. 491 (2008).

(23) 139 S. Ct. 2551 (2019).

(24) 132 S. Ct. 1421 (2012).

(25) Aleksandr I. Solzhenitsyn, 1 The Gulag Archipelago 131 (1997).

(26) *City of Arlington, Tex. v. F. C. C.*, 569 U.S. 290 (2013) (Scalia, J.). 行政機関の解釈への司法の敬譲に批判的な決定として、たとえば参照、Talk Am., Inc. v. Michigan Bell Tel. Co., 564 U.S. 50, 67-69 (2011) (Scalia, J., 同調); Decker v. Nw. Envtl. Def. Ctr., 568 U.S. 597, 617-18 (2013) (Scalia, J., 部分的に同調と反対)。

(27) 561 U.S. at 494-95 (Roberts, J.); たとえば参照、*City of Arlington*, 590 U.S. at 311 (Roberts, J., 反対); *Decker*, 568 U.S. at 616 (Roberts, J., 同調) (アウアー法理の再考への意思を表明)。

(28) 参照、Chevron, USA, Inc. v. Nat. Res. Def. Council, Inc., 467 U.S. 837, 865-66 (1984).

(29) コーク本人への明示的な賛辞のレトリックを多数含む。たとえば参照、*Perez*, 135 S. Ct. at 1220 (Thomas, J., 判旨に同調); Dep't of Transp. v. Ass'n of Am. Railroads, 135 S. Ct. 1225, 1243 (2015) (Thomas, J., 判旨に同調). 皮肉なことに、行政解釈に対する司法敬譲の最初期の定式化は、同じ判事に由来する。「疑わしい事柄では、解釈はつねに王にとって有利に行われる」。Sir Edward Coke, House of Commons, (July 6, 1628). Tomkins, *supra* note 8, at 70-71, 74.

(30) 554 U.S. 570 (Scalia, J.).

(31) *Id.* at 592 (Scalia, J.).

(32) *Id.* at 600 (Scalia, J.).

(33) *Id.* at 622 (Scalia, J.).

(34) *Decker*, 568 U.S. at 619-20 (Scalia, J., 部分的に同調と反対).

(35) *Perez*, 135 S. Ct. at 1207.

(36) 古典的な言明として一般的に参照、James M. Landis, The Administrative Process (1938).

(37) 参照、Robert L. Hale, *Coercion and Distribution in a Supposedly*

Non-Coercive State, 38 Pol. Sci. Q. 470, 478 (1923). 一般的に参照、Cass R. Sunstein, The Second Bill of Rights: FDR's Unfinished Revolution and Why We Need It More Than Ever (2006); Daniel R. Ernst, Tocqueville's Nightmare: The Administrative State Emerges in America, 1900-1914 (2014).

(38) Adrian Vermeule, *Optimal Abuse of Power*, 109 Nw. U.L. Rev. 673, 678-79 (2015).

(39) Matthew D. McCubbins, Roger Noll, and Barry R. Weingast, *The Political Origins of the Administrative Procedure Act*, 15 J. L. Econ. & Org. 180, 182-83 (1999).

(40) 参照、Universal Camera Corp v. Nat. Labor Relations Bd., 340 U.S. 474, 477-88 (1951).

(41) George Shepherd, *Fierce Compromise: The Administrative Procedure Act Emerges from New Deal Politics*, 90 Nw. L. Rev. 1557 (1996).

(42) 参照、Vermeule, *supra* note 9.

(43) 参照、Saikrishna Bangalore Prakash, Imperial from the Beginning: The Con- stitution of the Original Executive 12-13 (2015); Frank Bourgin, The Great Chal- lenge: The Myth of Laissez-Faire in the Early Republic 54-56 (1989).

(44) 参照、The Federalist No. 70 (Alexander Hamilton), *in* The Federalist 471, 471-76 (1982) (Jacob E. Cooke, ed).(『ザ・フェデラリスト』第70篇［ハミルトン］)。

(45) *Id.* at 472.

(46) *Id.*

(47) 参照、The Federalist No. 41 (James Madison), https://avalon.law.yale.edu/18th_century/fed41.asp (『ザ・フェデラリスト』第41篇［マディソン］)。

(48) 参照、Eric A. Posner & Adrian Vermeule, *Interring the Nondelegation Doctrine*, 69 U. Chi. L. Rev. 1729, 1733 (2002).

(49) 参照、Mashaw, *supra* note 3, at 53.

(50) *Id.* at 29. 反応として最も近いものは、Postell, *supra* note 2である。ポステルの詳細な議論への返答にも、詳細な議論を必要だろうが、我々の目的は、元の理解を詳しく見直すことではない。手短にいうと、我々は、ポステルが特定の問題について曖昧な声明や出来事から過度

な推論を行っていると考える。最終的に、憲法制定会議の議論は、立法と行政権の分離の必要性を示していたとしても、非委任法理の性質と範囲に関しては非常に不明瞭だった。ここでの概念的な問題は、それ以上ではなく、立法権と行政権の分離が非委任法理を意味するわけではない、ということだ。初期の連邦議会の重要な慣行、特に行政権限を制限するものが憲法上強制されると信じられていたわけではない。

(51)　Julian Davis Mortenson and Nicholas Bagley, *Delegation at the Founding* (2020), https://papers.ssrn.com/sol3/papers.cfm?abstract_id=3512154

(52)　我々の見解では、合衆国政府の権力の拡大は、予期されなかった大きな発展である。行政国家の成長は、その拡大を反映する限り、予期しないものとして数えられるべきだが、行政機関が裁量権を持っているか、「拘束力のある」解釈やルール作成権限を持っている限りではそうではない。我々は、この短い範囲内でこの議論の多い見解を擁護できないこと、またそうする必要がないことを認める。他の箇所と同様、我々の目的は、行政国家に関する一時的な法的問題について競合する見解を再評価することではない。

(53)　我々のうちの１人はかつてまさにそう述べた。参照、Cass R. Sunstein, *Constitutionalism After the New Deal*, 101 Harv. L. Rev. 421, 467 (1987)（「シェブロン法理は、行政官が自身の権限の範囲を決定すべきだと示唆している。その考え方は、Marbury v. Madison 判決と『ザ・フェデラリスト』第 78 篇に遡るような、権力分立の原理と明確に矛盾している。司法審査の根拠は、一部には、狐が鶏小屋を守るべきではないという命題に依拠している。この教示にシェブロン判決は耳を傾けていないようだ。憲法の条文に曖昧さがあるときにつねに、議会や州による憲法条項の解釈が受け入れられるべきだという主張は、きわめて奇妙である。そのような見解は、既存の憲法内容を混乱させるだろう。憲法条項によって制約される者が、制約の性質を決定すべきではないのだ」)。(ああ、若気の至り！)

(54)　James M. Landis, *Administrative Policies and the Courts*, 47 Yale L. J. 519, 528 (1938); また参照、Thomas J. Miles & Cass R. Sunstein, *Do Judges Make Regulatory Policy? An Empirical Investigation of Chevron*, 73 U. Chi. L. Rev. 823, 841 (2006). 本書の主張は、シェブロン後の時代に政治的選好が大きな役割を果たしている、ということであることに注意せよ。もしシェブロン判決がなかったならば、そうし

た選好の役割は間違いなく拡大されるだろう。

第二章　法の道徳性（一）

(1)　参照、Ronald Dworkin, Law's Empire (1985)（小林公訳『法の帝国』未來社、1995年)。

(2)　この見解には多くのバージョンがあるが、最も影響力があるものとして、H. L. A. Hart, The Concept of Law (1961)（長谷部恭男訳『法の概念　第三版』筑摩書房、2014年)。たとえば参照、*id.* at 7-8（訳30-2頁)。

(3)　たとえば参照、Dworkin, *supra* note 1, at 15-20（『法の帝国』36-42頁)。

(4)　参照、Lon L. Fuller, The Morality of Law (rev. ed. 1969).

(5)　*Id.* at 4-6, 42.

(6)　*Id.* at 39.

(7)　*Id.* at 38-39.

(8)　*Id.* at 39.

(9)　*Id.* at 41.

(10)　参照、Kenneth Culp Davis, Discretionary Justice (1969).

(11)　参照、Eugene Bardach & Robert Kagan, Going By the Book (2002).

(12)　フラーは、法と道徳の関係についてH. L. A. ハート教授との、かつてよく知られた論争を行った。ハートの見解について参照、H. L. A. Hart, *Positivism and the Separation of Law and Morals*, 71 Harv. L. Rev. 593 (1958); フラーの応答について参照、Lon L. Fuller, *Positivism and Fidelity to Law—A Reply to Professor Hart*, 71 Harv. L. Rev. 630 (1958). 本書の目的にあたって、法哲学的な問題は括弧に入れている（法と道徳の分離についてのハートの主張は、支持も否定もしていない)。

(13)　本書の目的に合致した法の支配に関する、簡潔ですぐれた説明で、我々が多くを学んだものとして参照、John Tasioulas, The Rule of Law (John Tasioulas, The Cambridge Companion to the Philosophy of Law (Cambridge Univ. Press, 2019)。フラーと法哲学の関係についてのすぐれた説明として参照、Colleen M. Murphy, *Lon Fuller and the Moral Value of the Rule of Law*, 24 L. & Phil. 239, 262 (2005).

(14)　すでに他で簡潔に論じられている。たとえば参照、Kevin M. Stack, *An Administrative Jurisprudence: The Rule of Law in the Adminis-*

trative State, 115, Colum. L. Rev. 1985, 2002–09 (2015); Edward L. Rubin, *Law and Legislation in the Administrative State*, 89 Colum. L. Rev. 369, 397–408 (1989), あるいは、より純粋に憲法学的・法哲学的な関心を追求する、やや異なった方法のものとして、たとえば参照、J. W. F. Allison, *The Limits of Adversarial Adjudication, in* A Continental Distinction in the Common Law 190 (2000); Nestor M. Davidson et al., *Regleprudence*, 103 Geo. L. J. 259 (2015); David Dyzenhaus, The Constitution of Law (2006); David Dyzenhaus, *Positivism and the Pesky Sovereign*, 22 Eur. J. Int'l L. 363, 367–69 (2011). ここで特に役立つのは、ダイゼンハウスがフラー的原理を「厚い」という法の支配のバージョンの構成要素として説明することである。参照、Dyzenhaus, *supra* note 14. 強調すべき重要な点は、我々の焦点がフラーによって教えられた行政法の道徳にあること、そして我々がフラーの見解の十全な解釈を示すことを意図していないことである。その見解はときに、我々が取り組んでいる問題にとっては複雑である。同書を参照。

(15)　たとえば参照、D. A. Candeub, *Tyranny and Administrative Law*, 59 Ariz. L. Rev. 49 (2017); Philip Hamburger, Is Administrative Law Unlawful? (2014); David Schoenbrod, Power Without Responsibility (1993); Richard A. Epstein, *The Perilous Position of the Rule of Law and the Administrative State*, 36 Harv. J.L. & Pub. Pol. 5 (2013); Larry Alexander & Saikrishna Prakash, *Delegation Really Running Riot*, 93 Va. L. Rev. 1035, 1036 (2007)（「行政国家をよく観察している知識豊富な者は、公衆がより多くの連邦規制を要求するにつれて、連邦議会が連邦政府全体で「二軍（junior versity）」議会を設立することで応答したことを知っている。その結果、連邦規則集が五〇巻になったが、それは合衆国法典に見られる法令文を圧倒している。いわゆる非委任法理は、議会が立法権を委任することはできないと正式に定めている司法の法理であり、むしろ「委任非法理（delegation non-doctrine）」と呼ぶのが適切である）。

(16)　ニコラス・ベイグリーはそのすぐれた論文で、きわめて一般的な用語からなる行政法の手続主義を、行政国家の実質的な目的の達成を妨げがちな非中立的な制約の集合体として批判している。「行政国家の積極的なビジョン――その正統性は、働いている制約の厳しさによってではなく、我々の共通の目標をどれだけよく推進するかによって測定

されるーーは脇に追いやられている」。 Nicholas Bagley, *The Procedure Fetish*, 118 Mich. L. Rev. 345, 350 (2019). 我々はこの見解に深く共感し、我々自身で「リバタリアン行政法」を批判したことがある。参照、Cass R. Sunstein & Adrian Vermeule, *Libertarian Administrative Law*, 82 U. Chi. L. Rev. 393 (2015). しかし、ベイグリーは行政法の手続きが単に、あるいは主に制約として見られるべきではないことを見落としがちである。むしろ、ここで強調しているように、そうした手続きは構成的であり、また権限を付与する役割も果たし、行政機関が法によって、また法の手段を通じて行動することを助けることで、行政国家をそれ以外の場合よりも効果的にするのだ。

(17)　Lon Fuller, The Morality of Law 46–47 (1962).

(18)　*Id*. at 46.

(19)　*Id*.

(20)　*Id*.

(21)　参照、*id*.; 同じく参照、Allentown Mack Sales and Serv., Inc. v. NLRB, 522 U.S. 359 (1998), この判決は、裁決機関がルールを設定し、適用しようとする試みをともなうものだったが、以下で議論されるように、連邦最高裁は特定のケースでフラー原理違反の一種を見出した。

(22)　Fuller, *supra* note 17, at 47.

(23)　*Id*. at 47.

(24)　Whitman v. Am. Trucking Ass'ns, 531 U.S. 457, 472 (2001)（引用は J. W. Hampton, Jr., & Co. v. United States, 276 U.S. 394, 409 (1928)).

(25)　参照、*id*. at 474.

(26)　連邦最高裁が裁量を認めるときにまさにそれを行っているという議論について参照、Eric A. Posner & Adrian Vermeule, *Interring the Nondelegation Doctrine*, 69 U. Chi. L. Rev. 1721, 1723 (2002).

(27)　たとえば参照、Indus. Union Dep't, AFL-CIO v. Am. Petroleum Inst., 448 U.S. 607, 685–86 (1980) (Rehnquist, J., 同調).

(28)　一般的に参照、David L. Shapiro, *The Choice of Rulemaking or Adjudication in the Development of Administrative Policy*, 78 Harv. L. Rev. 921; Warren E. Baker, *Policy by Rule or Ad Hoc Approach—Which Should It Be?*, 22 L. & Contemp. Probs. 658 (1957).

(29)　参照、5 U. S. C. § 553.

(30)　参照、id. §§ 554, 556–57.

(31)　Kenneth Culp Davis, *A New Approach to Delegation*, 36 U. Chi. L.

Rev. 713 (1969).

(32) *Id.* at 713.

(33) *Id.* (強調省略).

(34) *Id.* at 725.

(35) *Id.* at 729.

(36) 参照、Kenneth Culp Davis, *Administrative Common Law and the Vermont Yankee Opinion*, 1980 Utah L. Rev. 3 (1980).

(37) 参照、Philip Hamburger, *Chevron Bias*, 84 Geo. Wash. L. Rev. 1187 (2016).

(38) Amalgamated Meat Cutters & Butcher Workmen of N. Am. v. Connally, 337 F. Supp. 737 (D. D. C. 1971).

(39) *Id.* at 758.

(40) *Id.* (強調追加).

(41) *Id.* at 759.

(42) 29 U. S. C. § 652(8) (2012).

(43) Int'l Union, UAW v. OSHA, 938 F.2d 1310, 1318, 1321 (D.C. Cir. 1991).

(44) Int' l Union, UAW v. OSHA, 37 F.3d 665, 667 (D.C. Cir. 1994).

(45) Am. Trucking Ass'ns v. EPA, 175 F.3d 1027 (D.C. Cir. 1999), *aff'd in part, rev' d in part*, 531 U.S. 457 (2001).

(46) *Id.*

(47) *Id.* at 1038 (「[行政機関に確定的な基準を引き出させることは]、非委任法理の三つの基本的な論拠のうちの少なくとも二つに役立つ。行政機関が自らのために確定的で拘束力のある基準を開発する場合、委任された権限を恣意的に行使する可能性が低くなる。そして、そのような基準は、意味のある司法審査の実行可能性を高める」([　]補足と注の省略は著者による)。

(48) Whitman v. Am. Trucking Ass'ns, 531 U.S. 457, 473 (2001).

(49) *Id.*

(50) 参照、Papachristou v. City of Jacksonville, 405 U.S. 156 (1972).

(51) 326 F.2d 605 (5th Cir. 1964).

(52) *Id.* at 610, 612.

(53) 398 F.2d 262 (2d Cir. 1968).

(54) *Id.* at 264. Bush v. Gore, 531 U.S. 98 (2000) が、投票が「確定的な基準に従って、または他の合理的で体系的な方法で」処理されていない

という懸念に基づいて最もよく理解されるかどうかを考慮せよ。

(55) *Id.* at 265 (citing Hornsby v. Allen, 326 F.2d 605, 609–10 (5th Cir. 1964)).

(56) *Id.*

(57) 許認可について、たとえば参照、Jensen v. Adm'r of FAA, 641 F.2d 797, 799 (9th Cir. 1981), *vacated*, 680 F.2d 593 (9th Cir. 1982); 住宅についてたとえば参照、Ressler v. Pierce, 692 F.2d 1212, 1214–16 (9th Cir. 1982); 保釈についてたとえば参照、Franklin v. Shields, 569 F.2d 784, 789–90 (4th Cir. 1977) (en banc) (per curiam), *cert. denied*, 435 U.S. 1003 (1978); 障害についてたとえば参照、Ginaitt v. Haronian, 806 F. Supp. 311, 314–19 (D. R. I. 1992); 補助金についてたとえば参照、Carey v. Quern, 588 F.2d 230, 232–34 (7th Cir. 1978).

(58) 水質についてたとえば参照、City of Albuquerque v. Browner, 97 F.3d 415, 429 (10th Cir. 1996); アカデミックなテニュア職についてたとえば参照、San Filippo, Jr. v. Bongiovanni, 961 F.2d 1125, 1134–36 (3d Cir. 1992); 農業についてたとえば参照、Bama Tomato Co. v. U.S. Dep't of Agric., 112 F.3d 1542, 1547–48 (11th Cir. 1997).

(59) *Bd. of Regents v. Roth*, 408 U.S. 564 (1972) は根本的な決定事項を保持している。我々はここで、複雑な教義の一部を手短にまとめており、複雑さそのものには踏み込んでいない。たとえば、法定の権限があるかどうかにかかわらず、自由の利益は存在する。同判決を参照。

(60) たとえば参照、Hill v. Jackson, 64 F.3d 163, 170–71 (4th Cir. 1995).

(61) NLRB v. Wyman-Gordon Co., 394 U.S. 759, 764 (1969) (「行政手続法のルール作成についての規定は、裁決手続きの過程でルールを作成するプロセスによっては回避できない」)。

(62) 法の支配の価値に言及し、ルール作成の回避と裁決への依存を批判することで、こうした議論は暗黙のうちに行われている。たとえば参照、Mark H. Grunewald, *The NLRB's First Rulemaking: An Exercise in Pragmatism*, 41 Duke L. J. 274, 295 (1991); 同じく参照、Samuel Estreicher, *Policy Oscillation at the Labor Board: A Plea for Rulemaking*, 37 Admin. L. Rev. 163 (1985).

(63) *Wyman-Gordon*, 394 U.S. at 759.

(64) Excelsior Underwear Inc., 156 N. L. R. B. 1236 (1966).

(65) *Id.* at 765.

(66) *Id.* at 764.

(67)　*Id.*

(68)　NLRB v. Bell Aerospace Co., 416 U.S. 267, 294 (1974).

(69)　*Id.*

(70)　*Id.*

(71)　たとえば参照、Nestle Dreyer's Ice Cream Co. v. NLRB, 821 F.3d 489, 501 (4th Cir. 2016)(「通常、委員会はルール作成ではなく、裁決を通じて新しい規制原理を採用できる」。引用は *Bell Aerospace*, 416 U.S. at 294)。

(72)　たとえば参照、Ford Motor Co. v. F. T. C., 673 F.2d 1008, 1010 (9th Cir. 1981).

(73)　たとえば参照、Jean v. Nelson, 711 F.2d 1455, 1476-77 (11th Cir. 1983), vacated and rev'd on *other grounds*, 727 F.2d 957 (11th Cir. 1984) (en banc), *aff'd*, 472 U.S. 846 (1985).

(74)　Allentown Mack Sales & Serv., Inc. v. NLRB, 522 U.S. 359 (1998).

(75)　*Id.* at 376.

(76)　*Id.* at 374.

(77)　Bowen v. Georgetown Univ. Hosp., 488 U.S. 204, 208 (1988).

(78)　Id.

(79)　*Id.* at 216 (Scalia, J., concurring).

(80)　5 U. S. C. § 551 (4) (2012).

(81)　*Id.* at 219.

(82)　参照、Frederick Schauer, *A Brief Note on the Logic of Rules, with Special Reference to* Bowen v. Georgetown University Hospital, 42 Admin. L. Rev. 447, 454 (1990).

(83)　たとえば次と比較せよ。Covey v. Hollydale Mobilhome Estates, 125 F.3d 1281 (9th Cir. 1997), *with* Serv. Employees Int'l Union, Local 102 v. Cty. of San Diego, 60 F.3d 1346, 1353 (9th Cir. 1994).

(84)　Landgraf v. USI Film Prod., 511 U.S. 244, 269, 280 (1994).

(85)　*Id.*

(86)　Nat'l Petrochemical & Refiners Ass'n v. EPA, 630 F.3d 145, 159 (D.C. Cir. 2010) (引用は Nat'l Cable & Telecomm. Ass'n v. FCC, 567 F.3d 659, 670 (D.C. Cir. 2009)).

第三章　法の道徳性（二）

(1)　参照、Lon L. Fuller, The Morality of Law (rev. ed. 1969).

原　注

（2） 参照、Ariz. Grocery Co. v. Atchison, Topeka & Santa Fe Ry. Co., 284 U.S. 370 (1932); 参照、Thomas W. Merrill, *The Accardi Principle*, 74 Geo. Wash. L. Rev. 569, 569 (2006).

（3） Lon Fuller, The Morality of Law 39 (1962).

（4） 参照、Nader v. Bork, 366 F. Supp. 104 (D. D. C. 1973).

（5） *Id.*

（6） 284 U.S. at 381.

（7） *Id.* at 389.

（8） United States *ex rel.* Accardi v. Shaughnessy, 347 U.S. 260 (1954).

（9） *Id.* at 262.

（10） *Id.* at 263.

（11） 有益な概観として参照、Merrill, *supra* note 2, at 576–78.

（12） 440 U.S. 741 (1979).

（13） *Id.* at 749–50.

（14） *Id.* at 753.

（15） *Id.* at 754.

（16） *Id.* at 753–54 (参照を省略).

（17） 参照、*id.* at 758 (Marshall, J., 反対).

（18） *Id.* at 758 (脚注を省略).

（19） 参照、Stephen G. Breyer et al., Administrative Law and Regulatory Policy 420–21 (2017).

（20） *Id.* at 598.

（21） *Id.* at 599.

（22） 5 U. S. C. § 551(4) (2012).

（23） *Merrill, supra* note 2, at 599.

（24） たとえば参照、Perez v. Mortg. Bankers Ass'n, 135 S. Ct. 1199, 1210 (2015) (Alito, J., 同調); John F. Manning, *Constitutional Structure and Judicial Deference to Agency Interpretations of Agency Rules*, 96 Colum. L. Rev. 612 (1996).

（25） *Perez*, 135 S. Ct. at 1213 (Scalia, J., 判旨に同調); 参照、*id.* at 1255 (Thomas, J., 判旨に同調); Kevin O. Leske, *A Rock Unturned: Justice Scalia's (Unfinished) Crusade Against the Seminole Rock Deference Doctrine*, 69 Admin. L. Rev. 1 (2017).

（26） Kisor v. Wilkie, 139 S. Ct. 2400, 2417–18 (2019).

（27） *Id.* at 2410.

(28)　135 S. Ct. 1199 (2015).

(29)　それに基づく先例もそうではない。Mortgage Bankers 判決はここで Thomas Jefferson University v. Shalala, 512 U.S. 504 (1994) に従い、これはさらに INS v. Cardozo-Fonseca, 480 U.S. 421 (1987) に従い、これはまたさらに Watt v. Alaska, 451 U.S. 259 (1981) に従い、そして General Electric Co. v. Gilbert, 429 U.S. 125 (1976) に従っている。驚くべきことに、この一連の先例のなかで、行政機関による規制の解釈が一致しないときには敬譲を控えるべきであるという原理を支持するような、いかなる論拠も法的根拠も示されていない。これは、裁判官がここで行政法の内在道徳についての直観に応じていることを示唆している。

(30)　Nat'l Cable & Telecomm. Ass'n v. Brand X Internet Servs., 545 U.S. 967 (2005).

(31)　参照、Christopher v. SmithKline Beecham Corp., 132 S. Ct. 142 (2012)（最初の引用は Gates & Fox Co. v. Occupational Safety & Health Review Comm'n, 790 F.2d 154, 156 (D.C. 1986); 次の引用は Long Island Care at Home, Ltd. v. Coke, 551 U.S. 158, 170-71 (2007)).

(32)　実際、行政府も内部の目的のために同じアプローチを追求している。参照、大統領令 13892 (October 9, 2019): "Sec. 4. Fairness and Notice in Administrative Enforcement Actions and Adjudications. 行政機関が行政執行措置をとったり、裁決に取り組んだり、個人に法的な結果をもたらすその他の決定を下すとき、それは公表されており、不当な不意打ちを起こさない方法で行動規範の基準のみを適用することができる。行政機関は、罰則を課すときだけでなく、過去の行為が法律に違反していたと判断するときも、不当な不意打ちを避けなければならない。

(33)　たとえば参照、Saul Levmore, *Changes, Anticipations, and Reparations*, 99 Colum. L. Rev. 1657 (1999).

(34)　Skidmore v. Swift & Co., 323 U.S. 134 (1944).

(35)　*Id.* at 140.

(36)　Paralyzed Veterans of Am. v. D.C. Arena L. P., 117 F.3d 579 (D.C. Cir. 1997).

(37)　556 U.S. 502 (2009).

(38)　*Id.*

(39)　*Id.* at 536 (Kennedy, J., 同調); *id.* at 549 (Breyer, J., 反対).

(40)　136 S. Ct. 2117 (2016); *id.* at 2126.

(41)　参照、556 U.S. at 515.

(42)　517 U.S. 735 (1996); *id.* at 742.

(43)　556 U.S. at 515. 現行の法理の下では、信頼の問題がなく、他の例外が適用されない場合でも、これはまだ当てはまる。参照、*Encino*, 136 S. Ct. at 2128 (Ginsburg, J., 同調); *Fox*, 556 U.S. at 514.

(44)　Adam Tomkins, Our Republican Constitution 87 (2005).

(45)　Gray v. Powell, 314 U.S. 402, 412 (1941); NLRB v. Hearst Publ'ns, Inc., 322 U.S. 111, 127 (1944).

(46)　この点について、*Skidmore v. Swift & Co.*, 323 U.S. 134, 140 (1941) は、「以前や以後の発言との一貫性」に言及することで、より広範な慣行に追従した。

(47)　参照、Pittston Stevedoring Corp. v. Dellaventura, 544 F.2d 35, 49-50 (2d Cir. 1976).

(48)　*Id.* at 467. Writing not long after *Chevron*, Justice Scalia squarely addressed the issue and said that inconsistency was no longer important. 参照、Antonin Scalia, *Judicial Deference to Administrative Interpretations of Law*, 1989 Duke L. J. 511 (1989).

(49)　たとえば参照、Motor Vehicle Mfrs. Ass'n v. State Farm Mut. Auto. Ins. Co., 463 U.S. 29 (1983) (Rehnquist, J., 部分的に同調と反対) (「国民の投票によってもたらされる政権交代は、行政機関がそのプログラムや規制の費用と便益を再評価するための、きわめて道理にかなった根拠である」)。

(50)　参照、Nat'l Cable & Telecomms. Ass'n v. Brand X Internet Servs., 545 U.S. 967 (2005).

(51)　517 U.S. 735, 742 (1996).

(52)　545 U.S. at 981.

(53)　参照、Kent Barnett & Christopher J. Walker, *Chevron in the Circuit Courts*, 116 Mich. L. Rev. 1, 64-66 (2017).

(54)　たとえば参照、Cuozzo Speed Techs., LLC v. Lee, 136 S. Ct. 2131, 2145 (2016) (「特許庁が長い間、ある解釈を使用してきたことを、シェブロンの第二段階の下での合理性を支持する要素として言及している。公平を期すために言えば、多くの人々がそう信じているように、シェブロンの第二段階が他の名前での恣意性の審査として最もよく理

解されるならば、この参照は法理としての意味を持つだろう。我々は一貫性が恣意性審査の下で有効な考慮事項であることを見てきた。しかし、それが要点である。Brand X 事件にもかかわらず、連邦最高裁はシェブロン法理の下での一貫性の役割について、完全に明確で一貫しているわけではない)。

(55) Barnett & Walker, *supra* note 53, at 65.

(56) *Id.* at 5.

(57) Fuller, *supra* note 3, at 39.

(58) 569 U.S. 290 (2013); *id.* at 304 n.4.

(59) 272 U.S. 52 (1926).

(60) *Id.* at 135.

(61) 657 F.2d 298 (D.C. Cir. 1981); 657 F.2d 298, 406-07 (D.C. Cir. 1981).

(62) 984 F.2d 1534 (9th Cir. 1993).

(63) *Id.* at 1546.

(64) 5 U. S. C. § 557(d)(1)(A) (2012).

(65) 984 F.2d 1534, 1545 (9th Cir. 1993) (citing United States *ex rel.* Accardi v. Shaughnessy, 347 U.S. 260 (1954)).

(66) *Id.* at 1543.

(67) 参照、Lon L. Fuller, *The Forms and Limits of Adjudication*, 92 Harv. L. Rev. 353 (1978).

(68) *Londoner*, 210 U.S. 373 (1908); *Bi-Metallic*, 239 U.S. 441 (1915); 参照、*id.* at 445-46.

(69) U.S. 238 (1936); *id.* at 311.

(70) Ass'n of Am. R.Rs. v. U.S. Dep't of Transp., 821 F.3d 19, 23 (D.C. Cir. 2016).

(71) Ass'n of Am. R.Rs. v. U.S. Dep't of Transp., 721 F.3d 666, 676 (D.C. Cir. 2013).

(72) 参照、*id.* at 676-77.

第四章　法の道徳性（三）

(1) Philip Hamburger, Is Administrative Law Unlawful? 3-5 (2014).

(2) 我々はもちろん、行政法に関連するすべての原理の網羅的な説明を試みているわけではない。判事たちが理解する行政法のフラー的な内在道徳に関する説明に限っている。我々のプロジェクトの範囲を超えた原理の例としては、公的参加の権利を主張する判事による法理を考え

よ。Vermont Yankee Nuclear Power Corp. v. NRDC, 434 U.S. 519 (1978) は、そうした権利を認めるための下級裁判所の努力を扱っていた。また、連邦最高裁が受け入れたり疑問視していない、いくつかの他の教義も同様にそうした権利を認めている。重要な例として、論理的発展テストがある。これは、最終的な規制が、提案されたルールの論理的な結果でなければならないと述べる。参照、Long Island Care v. Coke, 551 U.S. 158, 174 (2007)。これは、ルール作成プロセスにおける公的参加を促進するための要件だが、行政手続法には明確な根拠がない。参照、Jack M. Beermann & Gary Lawson, Reprocessing Vermont Yankee, 75 Geo. Wash. L. Rev. 856, 894-96 (2007)。もう一つの例として、行政機関が頼りにした技術データを公開し、パブリックコメントのために利用可能にするという要件がある。参照、Portland Cement Ass'n v. Ruckelshaus, 486 F.2d 375, 393 (D.C. Cir. 1973)。これも公的参加を促進する要件だが、これに肯定的な法律によって簡単に根拠付けることはできない。たとえば参照、NRDC v. EPA, 749 F.3d 1055 (2014)。

　参加の権利は、行政法において長い歴史を持っている。連邦最高裁がSchechter Poultry Corp. v. United States, 295 U.S. 495 (1935) で明らかに無制限の権限の付与を無効にしたとき、その他の明らかに無制限の権限の付与、連邦取引委員会や連邦無線委員会へのものは、裁決手続きをともなっていたと指摘した。これにより、影響を受ける当事者が参加する権利が与えられ、それにより答責性が促進される。参照、*id.* at 532-34, 540。しかし、参加の権利はフラーの枠組みにとっては異質である。フラーは法の支配の概念と、それに結びついた価値である公正な通知や裁量の限界を支持する議論を行った。参加の権利は、最終的には民主的価値に基づいているが、フラーの法の内在道徳の概念の一部ではなかった。

(3)　Lon Fuller, The Morality of Law 33 (1962).

(4)　Cass R. Sunstein, Chevron *Step Zero*, 92 Va. L. Rev. 187, 191 (2006).

(5)　Fuller, *supra* note 3, at 171.

(6)　軍事命令について、*id.*; 経営判断について、Fuller, *supra* note 3, at 207; 希少資源の配分についても同じ箇所。

(7)　行政手続法の例外について概観するものとして参照、Adrian Vermeule, Our Schmittian Administrative Law, 122 Harv. L. Rev. 1095 (2009)。審査可能性やその他の関連する法理、およびそれらとフラー

の枠組みとのつながりについてのすぐれた議論として参照、Peter Karanjia, Hard Cases and Tough Choices: A Response to Professors Sunstein and Vermeule, 132 Harv. L. Rev. F. 106 (2019).

(8) 5 U. S. C. § 551(1)(F)-(G) (2012).

(9) *Id.* at § 553(a)(1)-(2). 確かに、こうした領域に該当する決定には、フラーのゼロ段階とは関係のない理由で免除されるものがあるかもしれない。たとえば、ビザに関する外交政策の決定は、フラーの原理に従う可能性がある。

(10) *Id.* at § 554(a)(4).

(11) 参照、Karanjia, *supra* note 7.

(12) Fuller, *supra* note 3, at 171-76; Lon. L. Fuller, *Forms and Limits of Adjudica tion*, 92 Harv. L. Rev. 353, 394-404 (1978).

(13) *Id.* at 403.

(14) Fuller, *supra* note 3, at 172.

(15) 参照、Henry J. Friendly, The Federal Administrative Agencies (1962); Fuller, *supra* note 3, at 171-76.

(16) *Fuller, supra* note 3, at 173.

(17) 告知について、Home Box Office, Inc. v. FCC, 567 F.2d 9, 57 (D.C. Cir. 1977); 取消について、Action for Children's Television v. FCC, 564 F.2d 458, 474 (D.C. Cir. 1977); なお、次と比較せよ。5 U. S. C. § 553(c) (1946), *with id.* at § 557(d)(1).

(18) Vermont Yankee Nuclear Power Corp. v. Nat. Res. Def. Council, Inc., 435 U.S. 519, 549 (1978)(「裁判所は……司法の範囲を超えて手続の形式を探求したり、その機関に対して『最善』の手続が何であるか、またはあいまいで未定義の公共の善を促進する可能性のある手続きを強制するような自らの考えを押し付けるべきではない」); Perez v. Mortg. Bankers Ass'n, 135 S. Ct. 1199, 1206 (2015)(「Paralyzed Veterans の法理は、行政手続法のルール作成規定の明確な文章に反しており、それは行政手続法によって具体化されている「最大の手続き要件」を超えた義務を行政機関に不適切に課している。」)(引用は Vermont Yankee, 435 U.S. at 524).

(19) *Action for Children's Television*, 564 F.2d at 477 (引用は Home Box Office, 567 F.2d at 61).

(20) Sangamon Val. Television Corp. v. United States, 269 F.2d 221, 225 (D.C. Cir. 1959).

(21)　フラーに対する反論としては、配分的な決定の場面で、透明性を尊重し、特定の場面における裁量の行使を規律化し、ルールを理解しやすくし、そしてルールが書物に書かれているのと同じように実世界で動作するように確実にすることが確かに可能である、というものが考えられる。そういった文脈において、厳格にルールに縛られた決定が意味を成すかどうかは、ルールと基準のいずれを正当化するのかという通常の考慮事項に依存する。一般的に参照、Louis Kaplow, *Rules Versus Standards: An Economic Approach*, 42 Duke L.J. 557 (1992). あるいはこういった議論になるだろうが、この問題をここで解決する必要はない。

(22)　Vermont Yankee Nuclear Power Corp. v. Nat. Res. Def. Council, Inc., 435 U.S. 519, 523-25 (1978).

(23)　たとえば参照、Whitman v. American Trucking Ass'ns., Inc., 531 U.S. 457, 472 (2001)（非委任の問題を解決するために、行政機関が自らの裁量を制限する基準を作成することが必要かつ十分であるという考えを否定)。

(24)　たとえば参照、Saul Levmore, *Changes, Anticipations, and Reparations*, 99 Colum. L. Rev. 1657 (1999).

(25)　参照、Philip K. Howard, The Rule of Nobody (2014).

(26)　Plain Writing Act of 2010, Pub. L. No. 111-274, 124 Stat. 2861 (codified as amended at 5 U. S. C. § 301 note (2012)).

(27)　審査の不可能性について、Heckler v. Chaney, 470 U.S. 821, 831-32 (1985); Massa- chusetts v. EPA, 549 U.S. 497, 527 (2007).

(28)　332 U.S. 194 (1947).

(29)　参照、*id.* at 199-200.

(30)　*Id.* at 203.

(31)　*Id.*

(32)　*Id.* at 202-03.

(33)　ジャフィは、裁判官は法が何であるかを述べる権限を持っているとしながらも、その法自体が行政機関にその法を解釈する権限を付与できると主張した。そして、本書の目的にとってきわめて重要なのは、ジャフィが次のように結論をまとめたことだ。

> (1)［行政機関の］裁量の行使は、手続きの決定をするときに重要である。(2) 明確な法的指示がない場合、手続きの決定が道理にか

なったものになるためには司法の干渉に対応できなければならない。そして、(3) その道理性は、行政機関の資源が限られているという事実をふまえながら、行政機関が全体の計画について責任を負うという観点から考慮されるべきである。

Louis L. Jaffe, Judicial Control of Administrative Action 567 (1965). この議論について参照、Adrian Vermeule, Bureaucracy and Distrust: Landis, Jaffe and Kagan on the Administrative State, 130 Harv. L. Rev. 2463, 2476-77 (2017)。

(34) 法的枠組みの概念について参照、Adrian Vermeule, *Chevron as a Legal Framework*, Jotwell (October 24, 2017), https://adlaw.jotwell.com/chevron-as-a-legal-framework/

(35) 285 U.S. 22 (1932).

(36) Jeffrey A. Pojanowski, *Neoclassical Administrative Law*, 133 Harv. L. Rev. 852 (2020).

(37) これは Adrian Vermeule, Law's Abnegation: From Law's Empire to the Administrative State (2016) の主張である。ポジャノフスキは、この書物は行政法がこうあるべきという提案であると示唆しているようだが、実際のところは、行政法の法理の現状と将来の方向性に関する解釈学的な議論である。言い換えれば、ポジャノフスキが考えている中道 (via media) はそれ自体、行政国家における成熟した均衡からの逸脱である。

(38) 参照、Dep't of Commerce v. New York, 139 S. Ct. 2551, 2578 n.3 (2019) (Thomas, J., 反対) (行政手続法の下での「行政機関の裁量的な選択や理由付けに対する敬譲的な審査は、恣意的で気まぐれな基準の下での行政機関の法解釈および適用に対する裁判所の全面的な審査とはまったく異なる」と述べる。これはポジャノフスキの要約に近いものであり、多数意見は事実上、トーマスの定式化の両方の部分を拒否した。

(39) Kisor v. Wilkie, 139 S. Ct. 2400 (2019); 参照、Auer v. Robbins, 519 U.S. 542 (1997); Bowles v. Seminole Rock & Sand Co., 325 U.S. 410 (1945).

(40) 参照、Pojanowski, *supra* note 36; Skidmore v. Swift & Co., 323 U.S. 134 (1944) (状況によっては、行政機関の解釈は「コントロールする力ではないとしても、説得する力」を持つことがある、と述べる)。

(41)　Korematsu v. United States, 323 U.S. 214, 246 (Jackson, J., 反対).

(42)　Chevron Inc. v. Nat. Res. Def. Council, 467 U.S. 837 (1984).「その意味で、Kisor 判決の結果は、Gundy v. United States, 139 S. Ct. 2116 (2019) の結果と一致している。影がかかっていた法理を再活性化すると多くの人々によって広く期待されていた非委任への異議について、異なる理由ではあるが、五人の裁判官が反対の票を投じた。同様に参照、Paul v. United States, 140 S. Ct. 342 (2019) (Kavanaugh, J., 裁量上訴の棄却を尊重) (非委任への異議を将来的に検討する意向を表明)。この異議が近いうちに成功することに対する懐疑的な理由として参照、Adrian Vermeule, *Never Jam Today*, Yale Journal of Regulation: Notice & Comment (June 20, 2019), https://www.yalejreg.com/nc/never-jam-today-by-adrian-vermeule/ より可能性の高い未来は、多数派が非委任法理を、法解釈のレベルでの絞り込みの規範としてのみ用いることだろう。

(43)　*Kisor*, 139 S. Ct. at 2424 (Roberts, C. J., 部分的に同調).

(44)　ポジャノフスキは、Lucia v. SEC, 138 S. Ct. 2044 (2018) や Free Enter. Fund v. Pub. Co. Accounting Oversight Bd., 561 U.S. 477 (2010) などの判決を引用し、連邦最高裁が行政部門に対する制約を強化していると主張している。しかし、こうした判決は行政部門の内部構造に関するもので、行政部門と裁判所との直接の関係とは異なるため、新古典的行政法の主要な特徴とは一致しない。実際のところ、連邦最高裁の最近の重要な言明、特に新古典的な枠組みの主要な特徴に関するもの（司法審査に関する Kisor 判決、恣意的かつ不当な審査に関する商務省の Commerce Department 判決）は、ポジャノフスキにとっては期待外れだった。

(45)　45. 322 U.S. 111 (1944); *id.* at 135.

(46)　行政手続法は「事実」「法」「裁量」それぞれの争点（issues）を区別している。5 U. S. C. Sec. 557(c)(3)(A).

(47)　次と比較せよ。INS v. Cardoza-Fonseca, 480 U.S. 421, 446-48 (1987)（裁判所が決定する「法の純粋な構築（construction）の問題」と、行政機関が「特定の事実のセットに［特定の法的基準を］適用する必要がある解釈（interpretation）の問題」を区別する。*id.* at 448)、合わせて同判決 454-55 (Scalia, J., 判旨に同調)（この区別がシェブロン法理自体と両立しないことをみてとる); cf. Nat'l Cable & Telecomms. Ass'n v. Brand X Internet Servs., 545 U.S. 967, 986-97

(2005)（シェブロン法理が行政機関の法定の定義の純粋な構築に適用されると認める）。

(48) 569 U.S. 290 (2013); *id.* at 297-98.

(49) 参照、Crowell v. Benson, 285 U.S. 22, 54-55 (1932).

(50) Pojanowski, *supra* note 36, at 902-3.

(51) *City of Arlington,* 569 U.S. at 293（「我々は、その規制権限（つまり管轄）の範囲に関わる曖昧な法律についての行政機関の解釈が、［シェブロン］の下で敬譲を受けるかどうかを検討する」)。

(52) 52. 401 U.S. 402 (1971); *id.* at 416.

(53) たとえば参照、Chevron U.S.A. Inc. v. Nat. Res. Def. Council, Inc., 467 U.S. 837, 842-43 (1984). すぐれた概観として一般的に参照、Richard J. Pierce, Jr., *What Factors Can an Agency Consider in Making a Decision?,* 2009 Mich. St. L. Rev. 67.

(54) 参照、Pension Benefit Guar. Corp. v. LTV Corp., 496 U.S. 633, 647-48 (1990)（シェブロンの枠組みを用いた)。

(55) Pojanowski, *supra* note 36.

(56) 参照、Eric A. Posner & Adrian Vermeule, *The Votes of Other Judges,* 105 Geo. L. J. (2016); Jacob Gersen & Adrian Vermeule, *Chevron as a Voting Rule,* 116 Yale L. J. 676 (2007).

(57) Jody Freeman & David B. Spence, *Old Statutes, New Problems,* 163 U. Pa. L. Rev. 1 (2014).

(58) E. Donald Elliott, *Chevron Matters: How the Chevron Doctrine Redefined the Roles of Congress, Courts and Agencies in Environmental Law,* 16 Vill. J. Evtl. L. 1 (2005).

(59) Pojanowski, *supra* note 36.

(60) 参照、United States v. Mead Corp., 533 U.S. 218, 241-43 (2001) (Scalia, J., 反対).

(61) William N. Eskridge Jr. & John A. Ferejohn, A Republic of Statutes 277 (2010).

(62) Pojanowski, *supra* note 36. 以下その全文。

「Crowell判決による法律と政策の間の区別は、ニュー・ディール時代とその後のリーガル・プロセス時代に支配的だった解釈的反形式主義に基づいている限り、不安定だった。しかし、新古典主義者の法的形式主義は、法の制定、実施、そして解釈の間の線のぼやけに気づきながらも、こうした活動の分割が理論的には一貫しており、

実践的には評価できると主張した、リーガル・リアリズム以前の考え方への回帰を意味している。確かに、法的技術に対する古典的なアプローチがリアリストの世界でどれほど持続可能であるかは、新古典主義の行政法学者が対処しなければならない重要な課題である。しかし、それが成り立つのであれば、この理論は、Crowell 体制を設立し（そして失った）強力な目的主義者よりも、法律と政策の間の線を監視するためのよりよい資源を持っている」(Pojanowski, *supra* note 36 at 294)。

この文章で指摘されているように、ここで説明されていないのは、法律と政策の区別の主張が、リーガル・リアリズムを経た後で、どうすればそれ以前よりも保持できるかということである。無理矢理に信じ込ませることはできない。

(63)　参照、Pojanowski, *supra* note 36, at 34（「ニュー・ディール時代」と「それに続くリーガル・プロセスの時代」を混同している）。

(64)　次に詳しく記述されている主張である。Vermeule, Law's Abnegation, *supra* note 37, at 295.

(65)　*Id.* at 42.

第五章　作動中の代替保護策

(1)　Gutierrez-Brizuela v. Lynch, 834 F.3d 1142, 1149 (10th Cir. 2016) (Gorsuch, J., 同調).

(2)　Gillian E. Metzger, *Foreword: 1930s Redux: The Administrative State Under Siege*, 139 Harv. L. Rev. 1 (2017).

(3)　参照、Gundy v. United States, 139 S. Ct. 2116, 2121 (2019).

(4)　参照、Kisor v. Wilkie, 139 S. Ct. 2400, 2408 (2019).

(5)　139 S. Ct. 2551 (2019).

(6)　*Gundy*, 139 S. Ct. 2116.

(7)　*Id.* at 2131 (Gorsuch, J., 反対).

(8)　Julian Davis Mortenson and Nicholas Bagley, Delegation at the Founding (2020), available at https://papers.ssrn.com/sol3/papers.cfm?abstract_id=3512154; Keith E. Whittington & Jason Iuliano, *The Myth of the Nondelegation Doctrine*, 165 U. Pa. L. Rev. 379 (2017).

(9)　Reynolds v. United States, 556 U.S. 432 (2012).

(10)　Adrian Vermeule, Never Jam Today, Mirror of Justice (June 20, 2019), https://mirrorofjustice.blogs.com/mirrorofjustice/2019/06/

never-jam-today.html

(11) *Decker*, 133 S. Ct. at 1341 (Scalia, J., 部分的に同調と反対).

(12) 我々のうちの1人（サンスティーン）は約4年間、連邦政府で2000以上のルールを扱ったが、Auer法理を考慮してルールを曖昧に、不明瞭に書くべきだとか、後で行政機関が都合のいいように解釈できるようにすべきだと提案した、あるいはそれに近いことを唱えた者は1人も聞かなかった。

(13) Decker v. Nw. Envtl. Def. Ctr., 568 U.S. 597, 619 (Scalia, J., 部分的に同調と反対).

(14) *Id.* at 621 (Scalia, J., 部分的に同調と反対).

(15) 再検討について、たとえば参照、Aid Funds, Inc. v. Bible, 136 S. Ct. 1607 (2016).

(16) 一般的に参照、*Kisor*, 139 S. Ct. 2400. 17.

(17) *Id.* at 2418.

(18) Gutierrez-Brizuela v. Lynch, 834 F.3d 1142, 1152 (10th Cir. 2016).

(19) 参照、Michigan v. EPA, 135 S. Ct. 2699, 2712 (2015) (Thomas, J., concurring).

(20) *Id.* (引用は Marbury v. Madison, 5 U.S. (1 Cranch) 137, 177 (1803)).

(21) 参照、City of Arlington v. FCC, 569 U.S. 290, 313 (2013) (Roberts, C. J., 反対) (参照は省略).

(22) *Id.*

(23) *Id.* at 314-15 (参照は省略).

(24) Brett M. Kavanaugh, *Fixing Statutory Interpretation*, 129 Harv. L. Rev. 2118, 2150 (2016) (Robert A. Katzmann, Judging Statutes (2014) の書評).

(25) *Id.* at 2151.

(26) Chris Walker, *What Kisor Means for the Future of* Auer *Deference: The New Five-Step* Kisor *Deference Doctrine*, Yale Journal of Regulation: Notice & Comment (June 26, 2019), https://www.yalejreg.com/nc/what-kisor-means-for-the-future-of-auer-deference-the-new-five-step-kisor-deference-doctrine/; *see also* @ chris_j_walker, Twitter (June 26, 2019, 10:42 a.m.), https://twitter.com/chris_j_walker/status/1143892190759985153 [現 x.com]

(27) 参照、Adrian Vermeule, *Chevron as a Legal Framework*, Jotwell (October 24, 2017), https://adlaw.jotwell.com/chevron-as-a-legal-

framework/

(28)　また、シェブロン法理は、行政機関の解釈が道理的であるかどうかを問う、ただ一つの総合的な問いを具体化したものとしても理解できるだろう。参照、Entergy Corp. v. Riverkeeper, Inc., 556 U.S. 208 (2009)(シェブロンの第一段階を援用); Matthew C. Stephenson & Adrian Vermeule, *Chevron Has Only One Step*, 95 Va. L. Rev. 597 (2009). 我々のここでの分析はこの論点には依存していない。

(29)　参照、Clean Air Act Amendments of 1977, Pub. L. No. 95-95, § 172 (b)(6), 91 Stat. 685, 747 (1977) (codified as amended at 42 U. S. C. § 7502(c)(5) (2012)).

(30)　参照、Nat. Res. Def. Council, Inc. v. Gorsuch, 685 F.2d 718 (D.C. Cir. 1982), *rev'd sub nom.* Chevron, U.S.A., Inc. v. Nat. Res. Def. Council, Inc., 467 U.S. 837 (1984).

(31)　Cass R. Sunstein, Chevron *Step Zero*, 92 Va. L. Rev. 187, 191 (2006); 参照、*Mead Corp.*, 533 U.S. at 229. この命題は、行政機関がルール作成や正式な裁定を行っていない場合に、行政機関の解釈がシェブロンの適用を受けられないことを意味するものではない。そうした場合はある種のグレーゾーンにある。主要な判決として、*Barnhart v. Walton*, 535 U.S. 212 (2002)(個々の事件のバランステストはグレーゾーンに陥ると述べる)。

(32)　参照、E. Donald Elliott, *Chevron Matters: How the* Chevron *Doctrine Redefined the Roles of Congress, Courts and Agencies in Environmental Law*, 16 Vill. Envtl. L. J. 1, 3-8 (2005); Peter H. Schuck & E. Donald Elliott, *To the* Chevron *Station: An Empirical Study of Federal Administrative Law*, 1990 Duke L. J. 984, 1024-25.

(33)　135 S. Ct. 475 (2014).

(34)　*Kisor*, 139 S. Ct. at 2417.

(35)　139 S. Ct. 2551 (2019).

(36)　たとえば参照、New York v. U.S. Dep't of Commerce, 351 F. Supp. 3d. 502 (S. D. N. Y. 2019).

(37)　関連する議論として参照、Jacob Gersen & Adrian Vermeule, *Thin Rationality Review*, 114 Mich. L. Rev. 1335 (2016).

むすび

(1)　Henry de Bracton, On the Laws and Customs of England 2 33

(1250) (Thorne translation).

(2) *Wong Yang Sung*, 339 U.S. 33 (Jackson, J.).